平凡社新書
943

教育現場は困ってる

薄っぺらな大人をつくる実学志向

榎本博明
ENOMOTO HIROAKI

JN107694

HEIBONSHA

教育現場は困ってる●目次

はじめに……9

第1章 「授業が楽しい」とは、どういうことか……13

「授業が楽しい」を、安易にとらえる風潮への疑問
「英語の時間が楽しい」という調査結果についての誤解
表層的な「楽しい」「おもしろい」にとらわれすぎる
実用的な授業への転換がもたらしたもの
読解力の乏しさが思考停止をまねく
〝知識受容型から主体的学びへ〟で何が起きているのか
主体性を評価することへの疑問
学びという孤独な内的活動と向き合う
アクティブ・ラーニングの勘違い
まずは知識の吸収が大切
自信を持つのは、もっと後でよい

第2章 「能動的に学ぶ」が誤解されている……59

「知識伝達‐知識受容型」教育への批判
「教えない授業」が能動的・主体的な学びなのか
知識は思考を妨げない
個人学習の方が学力は高い
講義を聴く学生は受動的に学んでいるのか
「能動的・主体的」は、学ぶ側の心の姿勢だけではない
思考力を知識と切り離してどう評価するか
「主体的に学習に取り組む態度」の評価に意味などない
欧米の評価基準は日本の教育に馴染まない
内向の価値に目を向ける
内面の学びを外面的形式でとらえる愚
知識や理解度によって求める楽しさは違う
第3章 学力低下にどう対処すべきか……109
算数ができない大学生
知識を軽視する教育の危うさ

読解力低下の危機、ふたたび
教科書が読めない中学生
日本語の意味がわからない大学生
実用文中心の国語教育の先には……
読書に没頭する孤独な時間が読解力を養う
薄っぺらい自己主張より思慮深さの方が大切

第4章 楽しいことしかやりたくない！……153

だれだって、好きなことだけしていたい
キャリアデザイン教育への疑問
キャリア心理学の新たな方向性
発想の柔軟性も必要である
「好きなことが見つからない」……
「好きなこと」は必死に探すもの？
克服する喜びの先に「楽しさ」はある
フロー体験とは何か？

気晴らしではフロー体験は手に入らない
「楽をして学ぶ」と「学ぶことが楽しい」は違う
学力をつけるにも非認知能力が大切

第5章 学校の勉強は役に立つ……195
役に立たない勉強は「したくない！」
教養を深めるような授業こそ大事
学校の勉強は社会で役に立たないのか
受験勉強は意味がない？
受験勉強の意外な効用とは
実学志向が薄っぺらな大人をつくる

おわりに……219

はじめに

　教育改革という言葉を新聞などのニュースで目にすることが多いが、このところ行われている教育改革は、改善なのか改悪なのか――。教育の場に身を置くようになって40年近くになる者としては、どうもこの動きを素直に受け入れる気になれない。

　一連の教育改革の一環として行われることになっていた入試改革でも、さまざまな矛盾が露呈し、英語入試の外部委託にも、国語や数学の記述式問題にも、とりあえず待ったがかかったばかりである。だが、その他にも、多種多様な入試改革や教育改革が現在も進行中である。

教育のあり方は、子どもたちの人生を大きく左右するほどの影響力を持つ。ゆえに、子どもたちの将来を考えたら、安易な教育改革は避けなければならない。教育改革を立案している人たちには、おそらくそれぞれに立派な志があるのだろう。だが、教育現場で起こっていることを肌で感じることができないと、見当違いな方向に行ってしまいかねない。これまでに行われてきた教育改革が孕《はら》む矛盾は、教育現場に身を置く者ならだれもが感じているはずである。そうした矛盾は、何としても解消していく必要がある。

そのような観点から、本書では、教育界の現状や教育改革の動きにみられる矛盾点を指摘し、より良い教育の方向性を模索するための問題提起をしていきたい。

第1に、「授業が楽しい」とはどういうことかについて考えてみたい。「楽しい授業づくり」ということがしばしば言われ、そのためのさまざまな工夫が例示されたりしているが、どうも的外れな気がする。

第2に、能動的・主体的かつ深い学びということについて考えてみたい。能動的・主体的かつ深い学びを促すために、グループ学習やプレゼンテーションを組み込んだ授業運営が推奨されることが多い。だが、それは果たして深い学びになっているだろうか。どうも違う気がする。むしろ浅い学びになってしまっていることも多いのではないか。

第3に、知識伝達型の教育からの脱却ということについて考えてみたい。これからの時代は、答えのない問題について考える力をつけなければならないので、知識伝達型の授業によって知識を受容するこれまでの教育から脱却する必要があると言われる。

そのための方法として、グループで話し合ったり、ディベートの訓練をしたりする授業が推奨されたりする。だが、知識の乏しい者同士が話し合って思考が深まるだろうか。そもそも知識・教養が豊富な人物よりも、知識・教養の乏しい人物の方が、答えのない問題を解決する思考力があるというのだろうか。とてもそうは思えない。

第4に、「好きなこと探し」に力点を置くキャリア教育について考えてみたい。好きなことを仕事につなげよう、そのために好きなことを探そうといった立場から盛んにキャリア教育が行われている。

しかし、世の中の働いている人たちは、みんな好きなことを飯の種にしているのだろうか。さらに言えば、好きなことしかやりたくない、好きじゃないことは頑張る気がしない、といった感受性を身につけさせることが望ましい教育なのだろうか。何かおかしくないだろうか……。

最後に、学校の勉強は役に立つのかということについて考えてみたい。かつて、学校で勉強したことは社会に出てからまったく役に立たなかった、と言われたことがあった。だから学校ではもっと実用的なことを教えるべきだといった声が高まり、実用性重視の教育内容に変わっていった。そして、それをさらに推し進めようという方向に動いている。だが、実用性ばかりを追求する教育で、果たして深い学びになっていくのか。そもそもかつての学校での勉強は、社会に出て生きていく上で、ほんとうに役に立っていないのだろうか。そんなことはないはずだ。

本書では、このような諸点について自らの教育経験も踏まえ、具体的な事例や科学的根拠も交えて考えていきたい。

第1章 「授業が楽しい」とは、どういうことか

「授業が楽しい」を、安易にとらえる風潮への疑問

学校に対する批判として、しばしば耳にするのが、もっと楽しい授業にならないのかというものである。

その背景にあるのが、「授業が楽しくない」「授業がつまらない」といった子どもたちの声である。当然の流れとして、毎日通う学校で朝から夕方まで行われている授業がつまらないのでは、子どもたちがあまりにかわいそうだ、何とかして楽しい授業にすべきだということになる。

そうした保護者をはじめとする世論に動かされて、学校の教員たちは、子どもたちが楽しいと思える授業にすべく、さまざまな工夫を試みている。

教員向けの雑誌にも、楽しい授業づくりのためのヒントがちりばめられたり、その試みの事例が紹介されたりしている。

だが、「このようにしたら、子どもたちの楽しそうな笑顔が増えた」「こんな工夫をしたら、子どもたちが楽しいと言うようになった」などといった事例を紹介する

記事を見るにつけ、「何か違うのではないか」といった思いを抱かざるを得ない。

果たして、子どもたちが「授業が楽しくない」「授業がつまらない」と言うことへの対処として、子どもたちの楽しそうな笑顔を引き出すということのみでいいのだろうか……。

たしかに私自身の大学生や社会人向けの授業でも、熱心に授業にのめり込んでいる受講生たちは、適切な箇所で笑顔で反応してくれるので、場の雰囲気が盛り上がり、こちらも勇気づけられる。だが、笑顔になるのはほんの一瞬のことで、大半の時間は真剣な表情で、ときに頷きながら、じっと聴き入っている。

笑顔になる時間を増やすのなら、もっと雑談を増やし、漫談をふんだんに取り入れればよいわけだが、それで教育的に意味のある授業になるとも思えない。

そこで思い出すのは、ある大学に勤めていたときの出来事だ。

私のゼミでは、それぞれの学生が関心を持つ領域を聞き出し、その領域の代表的な、あるいは最新の研究論文を紹介し、そのなかから本人がとくに興味を持ったものを読んで、その概要を発表するという方針にしていた。学部としては卒論を課していなかったが、私のゼミでは3年生で予備卒論を書き、4年生で卒論を書くことを義務づけていた。

抽象的な概念がちりばめられている文献をなかなか理解できず、調査データの統計解析ができない学生もいて、「先生、私に教えるのって大変でしょ」「すみません、私バカだから何度教えてもらってもわからなくなっちゃうんです」などという学生もいたが、そう言いながらも必死に考えて、真剣に卒論に取り組んでいた。その結果、4年時に予備卒論を学会で発表する学生たちも出てきた。

大学院生や教員ばかりで、学部生などほとんどいない学会で発表するのは、ものすごく勇気のいることだ。立派な予備卒論を書いたのに躊躇して学会の見学だけをする学生もいた。大半の学生はそこまではいかなかったが、満足した表情で卒論を終えていた。

それに対して、管理職に相当する教員からの批判があった。「あなたのゼミで研究指導をしているという噂を耳にした」「本学のようなレベルの学生に研究指導するなんて無意味だ」「私のゼミでは毎時間、椅子取りゲームをさせている」「みんな笑顔で楽しそうに活動している」というのだった。

それは楽しいだろう。授業中にゲームをしていればよいのだから。どんなに勉強に対してやる気のない学生でも、退屈せずに楽しい時間を過ごせるに違いない。だが、学生たちを楽しませれば、それでいいのか。それが教育的な観点からして、よい授業ということになるのだろうか——。

「遊びが楽しい」というのと、「授業が楽しい」「勉強が楽しい」というのとでは、まったく意味が違うはずである（ここでは、学びが遊びになるという話は棚上げにしておくことにする）。当然、そのような批判や助言に耳を傾けるわけにはいかなかった。

「授業が楽しい」と思えるようにしようとの試みにおいて、遊びの要素を取り入れるということが盛んに行われている。それも、学びのなかにゲームの要素を取り入れるなど、ごく部分的に取り入れるのなら効果があるかもしれない。だが、本来は子どもの遊びとは違った次元の楽しさを味わえるように導いていくべきなのではないだろうか。
「授業が楽しい」ということを安易にとらえるのは危険である。そのあたりの勘違いが世間に広まっているように思われてならない。

「英語の時間が楽しい」という調査結果についての誤解

英語を小学校で教えることに関して、NHKの英会話講座を長年担当している同時通訳の第一人者鳥飼玖美子をはじめ、英語教育の専門家の多くが反対している。それにもかかわらず、2020年度から本格的に始まることとなった。

それに先行して、英会話を中心にした英語活動は、すでに小学校の高学年を対象に行われているが、その時間を楽しいという子どもたちが多いという。

たとえば、ベネッセが2015年に全国の小学5・6年生とその保護者を対象に実施した調査によれば、「他の教科と比べて英語はおもしろい」という子が71・5パーセント、「英語の授業をもっと増やしてほしい」という子が59・1パーセント、「他の教科と比べて英語は簡単に感じる」という子が47・9パーセントなどとなっている。

このようなデータを見ても、学校での英語活動が楽しいという子どもが非常に多いことがわかる。そうした声を聞くと、英語の授業を小学校で行うのはよいことのように思うかもしれない。だが、そうしたデータを根拠に小学校での英語教育を推進すべきだとするのはとても危険である。

なぜなら、現在行われている英語活動は、簡単な英語を使ってゲームをしたり歌を歌ったりするわけで、いわば幼稚園でやってきたお遊戯を英語でやるようなもので、けっして勉強ではない。

２０２０年度から本格的に英会話を小学校の授業でやることになったわけだが、英語が母国語である家庭に生まれたら、幼児でもできるレベルのことをやるに過ぎない。そのような家庭では幼稚園児でも英語ペラペラである。日本の幼児が日本語ペラペラなのと同じだ。

ペラペラと流暢にしゃべるからといって、けっして頭が良い証拠になるわけではないし、会話をしていれば知的能力が高まるわけでもない。会話能力と知的能力が別物なのは、よく考えれば当たり前のことである。

英会話中心の授業は、他の教科のように勉強ではなく遊びのようなものであり、多少勉強の要素を取り入れるにしても、他の教科のような知的鍛錬にも教養にもならない。

せっかく学校に上がったのに、そのようなことのために他の教科の勉強時間を削ってよいものだろうか。

学校教育ばかりではない。〝子どもビジネス〟と呼ばれ、盛んに展開されている習い事の世界でも、子どもが楽しく活動している様子が売り物になっているが、それがどのような教育効果を持つかを十分考慮する必要があるだろう。

表層的な「楽しい」「おもしろい」にとらわれすぎる

どうもこのところ「楽しいかどうか」ということに、とらわれすぎる風潮が強まっているように思えてならない。

新入社員を対象とした、日本生産性本部が毎年実施している「働くことの意識」

についての調査結果からも、それはうかがい知ることができる。

「若いうちは自ら進んで苦労するぐらいの気持ちがなくてはならない、と思いますか。それとも何も好んで苦労することはないと思いますか」という質問に対して、これまで数十年にわたって「苦労すべきだ」と答える者の方がはるかに多かった。だが、２０１３年から前者が急激かつ一貫して減り続け、後者は２０１２年からやはり急激かつ一貫して増え続けている。

その結果、２０１９年には、前者43・2パーセント、後者37・3パーセントとなり、前者の方が比率が高いものの、両者の差は過去最少の5・9ポイントとなった。

苦労するなかで人は成長する、苦しくても頑張り抜くことで力がつくはず――。そのような発想はもう古い。苦労するような仕事はしたくない。そう思う若者が増えているということだろう。

そのため、実際に働いてみて、楽しいと思っていた仕事でちょっと苦しい思いをしたりすると、「思っていたのと違う」「こんなはずじゃなかった」ということで転職を考える。そんな早期離職が少なくない。

子どもたちも大学生も、授業が楽しくないと集中力が持たず、すぐにおしゃべりを始める。ときに子どもたちは、教室をウロウロしたり、教室の外に出て行ってしまう。

「小1プロブレム（小学校に入学したばかりの子が、集団行動が取れない、落ち着きがないなど、学校生活に馴染めない状態が続くこと）」などと呼ばれている現象も、そうした子どもたちが急増していることを指している。それでは困るので、何とか楽しい授業にしようと工夫する。

でも、そのような動きを見ていると、受け身の楽しさを追求しているように感じざるを得ないし、授業の楽しさとは異なる次元の楽しさを追い求めているように思われてならない。

何をするにしても、楽しいに越したことはない。つまらないことはしたくない。だれだってそうだろう。だが、子どもや若者が表層的な「楽しい‐楽しくない」「おもしろい‐つまらない」という軸にとらわれすぎる風潮があるとしたら、それは、そのような文化を生み出している大人の責任と言わなければならない。

若い世代の大人の多くは、今の文化のなかで推奨されている子育てや教育を受けることで、表層的な「楽しい‐楽しくない」「おもしろい‐つまらない」という軸にこだわるようになったのである。

実用的な授業への転換がもたらしたもの

いくら知識を詰め込んでも、それを現実生活に応用できなければ意味がないとのことから、知識偏重の教育からの脱却が唱えられ、さまざまな教育改革が行われてきた。

そのひとつに英語の授業の会話重視への転換があった。１９９３年以降、英語教育を読解・文法中心から会話中心に転換してきた。その結果、何が起こっているか――。

公立高校の入試問題について、20万人のデータをもとに、英語の学力の経年変化を検討した心理学者の斉田智里によれば、１９９５年から２００８年の14年間、毎年一貫して英語の学力が低下していることが判明したのである。学力の低下の程度は、偏差値にすると7・4であるという。たとえば、２００８年の偏差値50は、１９９５年の偏差値42・6に相当することになる。

こうした英語の学力低下のため、大学でも従来のような英語の文献を用いたゼミが成り立たないといった事態さえ生じている。日常会話はできても文章の読解ができないのだ。

かつてのような英文の読解が中心の授業であれば、英語で書かれた小説や評論を読み、それを日本語に訳すことで、言語能力や想像力が鍛えられるだけでなく、才知溢れる文章に触れることで深い教養が身につき、視野も広がり、知的刺激を十分に受けることができた。

ところが、英語の授業が会話中心の実用的な内容になったことで、海外からの旅行者に道案内したり、外国人とのあいさつなどちょっとした日常会話を交わしたりするための訓練となり、英文解釈のような知的格闘もなく、読解力の向上も深い教養の獲得も期待できなくなった。英語圏では幼い子どもが行っている程度の会話の訓練、つまり知的発達とは無縁の訓練を、日本では中学や高校ばかりでなく大学の授業時間内に行うようになったのである。

ある学生が、ネイティブ教員が担当している英語の授業について文句を言ってきたことがある。英語の授業で使っているテキストが、妹が中学で英語の補助教材として使っている日常会話の本と同じで、「恥ずかしくて妹に知られないように隠している」「大学でこんな授業を受けるとは思わなかった」「ネイティブが笑顔で話しかけ、名前を呼んでくれたって喜んでる友だちもいるけど、もっと知的な授業を受けたい」というのだった。

中学・高校・大学で英語の授業を受けても、全然しゃべれるようにならないから従来の授業は役に立たない、実用英会話にシフトすべきだとして、英語教育の大転換が行われたわけだが、そこに大きな勘違いがあったと言わなければならない。

学校の授業というのは、単に実用のために受けるものではなく、頭の鍛錬、知的発達の促進のために受けるものなのである。そこを見逃しているのだ。それには日本人の欧米コンプレックス、白人コンプレックスも絡んでいるだろう。

英語を日本語に翻訳するというのが従来の英語の授業だったが、それは国語力と英語力を駆使した知的格闘技のようなものであり、知的刺激に溢れるものだった。

英文学者の行方昭夫は、翻訳について、つぎのように述べている。

> I like dogs. をドイツ語、フランス語にする場合、構文はまったく変わらず単語を置き換えるだけです。しかし日本の翻訳者は、「わたくし、犬が好きでございます」から「可愛がるなら犬だな」まで、前後関係、状況しだいで、無限の種類の日本文があります。訳者はその中からもっとも適切な一つを選ばねばなりません。（行方昭夫『英会話不要論』文春新書）

まさに翻訳というのは、言語能力や知識を総動員し、想像力を働かせて行う知的格闘技なのである。

外国人との会話に直接使える言い回しや発音のハウツーを習い、リスニングの訓練をするばかりでは、英語で書かれた文学や評論を日本語に訳すときのような知的鍛錬にならず、知的発達が滞ってしまう。

そんなことを授業でやっていたら、すでに研究データを紹介したように英語の学力低下をもたらすばかりでなく、私たち日本人にとっての思考の道具である国語力も向上せず、思考力は磨かれない。

この先、ＡＩの通訳機能の発達により、だれもが母国語で外国人とコミュニケーションできる時代になったとき、そのような薄っぺらい英会話教育に力を入れて育った人間に、果たして生きる道はあるのだろうか。

それにもかかわらず、小学校から英会話中心の英語の授業が行われるようになり、子どもたちは学校の授業だけでなく塾にまで通って、貴重な勉強時間を英会話の訓練に費やす方向に歩み出している。

現場の教員も、子どもたちの保護者も、それが知的発達を阻害するとわかっても、大学入試で英会話力を問うようなことをするため、英会話力を高めるために時間と労力と金を費やすしかないのが現状なのだろう。

大学入試を設計する立場にある人たちには、その影響力の大きさを自覚し、子どもたちの知的発達を促す方向に小中高校の教育が向かうように配慮していただきたい。

読解力の乏しさが思考停止をまねく

知識詰め込み型の教育が批判され、知識偏重からの脱却が盛んに唱えられているが、果たして、今の子どもたちは知識偏重の教育を受けているのだろうか。

教育現場や子どもたちの実情を知らない大人たちは、メディアを通して流される知識偏重批判に同調しがちだが、現状は知識偏重どころか知識軽視としか思えない。

読解力を高めることの必要性については第3章で詳しく説明するが、今の平均的な大学生は、本を読めない者が多く、読解力不足のため人の話を十分に理解することができない者も少なくない。

その背景として、読書不足による語彙力の乏しさを指摘しなければならない。知識はいらないといった姿勢の教育により、本も読まず、言葉を知らないとなると、文章の読解ばかりでなく、人の話も理解できなくなる。なぜなら、私たちは言葉で考えるからである。

本書をここまで読みながら、「なるほど、たしかにそういうことがあるかもしれないな」と思う人も、「なに勝手なことを言ってるんだ、これからは英会話の時代だろうに」と思う人も、日本語を用いて共感したり反発したりしているはずだ。

言葉が乏しいと、書かれた文章や話された内容を理解するのが難しくなるばかりでなく、頭のなかの思考も深まらない。私たちは言葉でものを考える。言葉を豊かに持つことにより、読解力が高まるだけでなく、思考も深まる。

全国大学生活協同組合連合会が、毎年全国の国公私立30大学の学生を対象に実施している学生生活実態調査によれば、読書しない学生の比率がこのところ急激に高まっているという。

1日の読書時間が0(ゼロ)という学生の比率は、2012年までは30パーセント台半ばで推移していたが、2013年以降高まり続け、ついに2017年には53・1パーセントと過半数に達した。2019年は48・1パーセントと多少低下したものの、相変わらず半数ほどの学生が読書時間0（ゼロ）となっている。
もちろん今でも読書に熱心な学生もいて、1日平均2時間以上が7・8パーセント、1時間以上2時間未満が19・0パーセントとなっており、26・8パーセントの学生が1日1時間以上は読書にあてている。

つまり、毎日1時間以上読書している学生が4分の1ほどいるものの、読書はまったくしないという学生が半数ほどいることになる。ここにも、よく言われる二極化がみられる。だが、大学生なのに読書時間0（ゼロ）という学生が半数もいるとしたら、これは知識偏重というより知識軽視の教育が行われていると言うべきなのではないか。

そのような大学生の国語力の乏しさに関するデータを見てみよう。2004年にメディア教育開発センターが19大学、6短大、1国立高等専門学校の計26校の新入生を対象に、日本語の語彙力調査を行っている。

2002年に、中高生20万人に実施した予備調査の結果をもとに大学生の実力を判定したところ、中3レベル以下の学生が、国立大（3校）で6パーセント、私立大（16校）で19パーセント、短大では35パーセントにもなったのである（毎日新聞2005年6月8日付）。

読書しない大学生がこのところ急激に増えていることからして、国語力の低下はさらに深刻化していると思われる。

実際、私の研究領域では、従来当たり前のように行っていた心理検査やアンケート調査のできない学生が増えていることが話題になっている。設問文の意味がわからないのだ。私自身、そのような質問をされて驚くことが少なくない。

たとえば、「内向的って何ですか？」「事なかれ主義ってどういう意味ですか？」「引っ込み思案って、どういう意味ですか？」「気分が不安定って、どういうことですか？」「むなしいって何ですか？」などといった質問が出る。

少し前なら学生たちがふつうに使っていた言葉が通じなくなっている。そうなると、本を読んでも内容を理解できないのはもちろんのこと、人の話も理解できないことが多くなるだろう。授業中に教師が話す言葉も十分に理解できないのではないだろうか。内容の理解以前に、言葉の理解ができていなかったりするのである。

読解力の乏しさが深刻化しているのは、授業をしていてひしひしと感じる。

たとえば、まじめに授業に集中している学生までが、「板書をノートに取っても、何が大事かわからないので、大事なことは字を大きくしたり、色を変えたりしてください」「影響を与え合う関係がわからなくなっちゃうから、矢印で結んでもらえますか」などと言ってくる。

どういうことか聞いてみると、パワーポイントを使う授業では、大事なことは字が大きく、色も変えてあるから、何が大事かがわかる、影響を与え合う関係も矢印で結んであるからよくわかるというのだ。

つまり、話を聞きながら、何が重要かを自分の頭で考えることができない、説明を聞いても何もつかむことができないのだ。懇切丁寧に図解する授業に慣れすぎて、思考停止に陥っている。

これでは日本語で行っている授業でさえ、まるで外国語のように意味不明となり、頭を素通りしているのではないかと思わざるを得ない。

もちろん、このような学生が目立つようになったということであって、今でも本を読み、読解力もあり、授業内容をしっかりと理解し、自分の頭で考えている学生もかなりいる。毎時間の最後に課している「気づきレポート」を読むと、学生の読解力の差が著しいのを感じる。

“知識受容型から主体的学びへ”で何が起きているのか

知識偏重からの脱却の過程で起こっていることは、知識不足による学びの乏しさである。

かつて小学校受験のために、幼児に大人でもなかなか答えられないような知識の丸暗記をさせている光景を目のあたりにしたとき、知識の詰め込みはここまできたのかと呆れたものだった。今は、幼児たちが英会話遊びをしている光景に呆れることが多い。英会話教育の問題についてはすでに論じたので、ここで繰り返すことはしない。

だが、知識詰め込みへの反動から、今では中高生や大学生の知識不足が深刻な問題となっているのではないだろうか。

これまでに見てきたように、大学生も、英会話中心の授業を受けてきたために英語に関する知識が乏しくなってきている。英文を読んで日本語に訳すことをしっかりやってこなかったため、外国人との単純な会話くらいはできても、英語の文献を読みこなすことができない学生が多く、文献を講読する授業が成立しない大学もたくさんある。

読書しない学生が非常に多くなっているため、英語の文献どころか、日本語の専門書や論文が読めない、とりあえず読みはするものの内容が理解できないという学生が少なくない。

知識受容型の教育から脱却し、主体的に学ぶ教育で考える力を身につけるというが、知識なしに考えるとはどういうことなのか。まるで知識が思考の邪魔をするかのような議論が横行しているが、ほんとうにそうだろうか――。

それぞれの専門分野を極めた知識人や博学な教養人が、書籍や新聞・雑誌の記事で発信している内容より、知識も教養も乏しい人がＳＮＳで発信する内容の方が、よく考えられたものであり、今後の日本社会はそちらを重視する方向を目指す、とでもいうのだろうか……。

そのような疑問を常々抱いていたわけだが、引っ越しの際に荷物整理をしていて、30年前、40年前の学生たちのレポートが出てきたので改めて読み返してみると、昔の方が、世間的に言われる大学のレベルが低い場合でも、しっかりものを考えている跡がみられるレポートが今の学生より明らかに多かった。

本をよく読み、知識も多く取り込み、語彙を豊富に持つ学生の方が、抽象的な概念を駆使して思考を深めることができる。

脱・知識偏重型の大学入試改革の一環として、推薦入試・AO（アドミッションズ・オフィス。受験生の人物像を重視する）入試など学力試験によらない入試を増やすようにとの文部科学省の方針により、多くの大学が推薦入試やAO入試を大幅に取り入れるようになった。

文部科学省によれば、2018年度の入試において全体の45パーセントが推薦・AO入試で入学しているという。

大学生の学力低下がしばしば指摘されるが、それはこのような脱・知識偏重型入試によって学力が問われなくなったことが大きいと言わざるを得ない。

教育社会学者の苅谷剛彦によれば、学力以外の面を考慮に入れた多元的な基準で学生を選抜するアメリカの大学では、学力低下の問題が著しいという。

カーネギー財団が行ったアメリカの大学教授たちを対象とした調査では、「自分の大学は学生たちに本来なら高校で習得すべきだった事柄を教育するために、あまりに多くの時間と費用を使っている」という者が66パーセントにも及ぶ。さらには、カーネギー財団の報告書で引用されているUCLAのアスチン教授によれば、

「われわれは卒業してくる高校最上級生のうちの成績が上位一五%しか受け入れないが、新入生のうちの半数は単位にならない科目である治療用（リメディアル）の数学と英語科目に配属される。学力不足の学生の教育にたずさわらなければならないという現実には確実に全員が直面している」（苅谷剛彦『アメリカの大学・ニッポンの大学』中公新書ラクレ）

という。

苅谷は、250の高等教育機関のうちの84パーセントが基礎学習技能のリメディアル、すなわち補習教育科目を開講しているという調査データも紹介し、アメリカの多くの大学が高校以下の教育内容の補習をしなければならない実情に頭を悩ませているとする。

そして、高校以下の教育はアメリカではあまりうまくいっておらず、日本の場合は、高校修了までに学生たちが身につけていた基礎学力のお陰で大学で専門教育が成立していたのであり、受験で培う基礎学力に日本の大学教育が支えられてきたのだという。

日本の大学は、かつては学力による入試によって学生の学力低下の問題を免れていたが、アメリカの真似をして入試から学力を部分的に切り離すことによって、アメリカの大学と同様に、学生の学力低下の問題に悩まされることになったのである。

実際、私自身、ある国立大学で授業をした際に、一番前でいつもまじめに授業を聴いている学生たちから、「じつは僕たち推薦組なんです。だから専門科目の授業についていけなくて困っているんです」と相談を受けた。

あれほどまじめに取り組んでいるのに授業についていけないとしたら、その大学にふさわしい学力が備わっていないことになる。そのような学生を学力を問わずに入学させることが教育的と言えるのか。果たして、本人のためと言えるだろうか……。

主体性を評価することへの疑問

さらに疑問なのは、知識受容型の教育から主体的に学ぶ教育への転換を図るべく、主体性を評価し、それを入試でも点数化して活用しようという発想である。

新しい学習指導要領や２０２０年度からの大学入試改革で、主体性の評価を積極的に取り入れるようにという方針が文部科学省から示された。

早速、高校から提出される調査書をもとに主体性を評価し、一般入試で点数化する大学も出てきた。高校入試でも、生徒自身が中学３年間の活動状況がわかる自己

PR書を書き、それを高校の一般入試で用いる自治体も出てきた（朝日新聞2019年12月8日付）。

調査書の評価にしろ、生徒自身の自己PR書にしろ、そこから主体的に学ぶ姿勢、主体的に生きる姿勢がどれだけわかるだろうか。

たとえば、学力試験の成績が同じだったとして、知識を受容的に身につけただけの受験生と主体的に考えて学んできた受験生を見分けるのに、そのような調査書や自己PR書を利用するというのだろうか。

内申書に記述されている部活動や資格取得、検定試験合格なども主体性の評価に用いられ、一般入試で点数化されることも起こっているようだ。

だが、部活動をする生徒の方が、自宅で興味のある分野の本を読みあさっている生徒や、休みの日には森のなかに入り込んで自然と触れ合っている生徒より、主体的にものごとに取り組んでいるとみなしていいものだろうか。

英検などの資格を取得する生徒の方が、資格と関係なく歴史を勉強している生徒や文学に親しんでいる生徒、あるいは哲学書を読みながら思索に耽《ふけ》っている生徒よりも主体的に学んでいるとみなすのは、果たして妥当だろうか。

そもそも内申書が主体性評価の根拠として用いられ、それが入試において点数化されるとなれば、入試のために仕方なく部活をやったり、ほんとうは志などないのに入試突破に有利だからとボランティア活動に加わったり、入試の得点を上げるためだけに興味もない資格を取得したりする生徒も出てくるだろう。学校も塾も、生徒たちにそのような指導をするようになるに違いない。

それが主体性を育てることになるのだろうか。

むしろ、そうした動きに流されず、内申書の得点など気にせずに、自分の興味に忠実に過ごしている生徒の方が主体的に生きていると言えるのではないか。

結局、主体性を評価するような制度がないときの方が、生徒たちは主体的に学び、主体的に活動することができたのである。主体性評価などというものに取り込まれることで、生徒たちの主体性は奪われてしまう。

そして、我が道を行くという頑固な生徒、個性的な生徒は低く評価される一方、空気を読み、すぐに流される、いわゆる処世術に長けた生徒が高く評価されることになる。内申書の評価軸に学力のみならず心の姿勢までが取り入れられることによって、時代の空気に流される子どもや若者がますます増えていくだろう。何しろそれが受験の結果を左右するのである。

このように主体性を評価するという制度は、非常に大きな矛盾を抱え込むことにならざるを得ない。

学びという孤独な内的活動と向き合う

主体的な学びが大切だとして、アクティブ・ラーニングが推奨され、さまざまな事例が報告されている。だが、その一方で、「活動あって学びなし」といった批判も多く、改めて「深い学び」が強調されるようになった。

主体的で深い学びやその手法としてのアクティブ・ラーニングに関する事例報告や理念の説明を読んでいて、いくつか疑問に思うことがある。とくに、アクティブ・ラーニングを主体的・対話的で深い学びのための有効な方法と位置づけ、グループ活動や他者との議論が推奨されていることには違和感を覚えざるを得ない。

第1に、「深く考える」ような学びが大事だということが、なぜすぐに実践や観察可能な活動に結びつけられてしまうのか、ということだ。

実践に結びつく授業を全否定するわけではないが、授業の場では深く考えることに徹して、実践は授業から切り離してもよいのではないか。学びをすべて実践に結びつけようとすることで、かえって学びが浅くなってしまうことが懸念される。

生徒・学生としての学びの段階では、学びの世界に思いきり浸ることが大切である。学ぶ喜びを感じることができれば、学びが学びを呼び、どんどん深まっていく。実用的な価値を性急に追求せずに、純粋に学ぶ喜びに浸ることこそが深い学びにつながっていくのだろう。

それができていれば、将来、必要に応じて実践に活かすこともできるようになるはずである。

第2に、「深い学び」がなぜ「対話的」でなければならないのか、ということだ。

中央教育審議会でも、主体的・対話的で深い学びのためにはアクティブ・ラーニングの導入が必要だといった議論が行われているようだが、なぜ「対話的であること」が主体的で深い学びの前提になっているのか――。

将来、多様な人々と協同できるようにならないといけないから、ということのようだが、では、いろいろな人と気持ちよく協同して働いている今の大人たちは、「対話的」に学んできた人たちなのだろうか。おそらくそんなことはないだろう。

さらには、個人が自己拡張の原理で動く社会では他者との協同を教育する必要があるかもしれないが、日本のように個人が絶えず他者に配慮しながら自己規制して行動する社会では、あえて教育のなかに他者との協同を意識的に組み込む必要はない。

私は、欧米の文化を「自己中心の文化」、日本の文化を「間柄の文化」と特徴づけ、対比させている。

「自己中心の文化」とは、自分が思うことを自由に主張すればよい、ある事柄を持ち出すかどうか、ある行動を取るかどうかは、自分の立場を基準に判断すればよい、とする文化のことである。

そこでは、常に自分自身の気持ちや考えに従って判断することになる。積極的な自己主張をよしとする欧米の文化は、まさに「自己中心の文化」と言える。そのような文化のもとで自己形成してきた欧米人の自己は、個として独立しており、他者から切り離されている。

一方、「間柄の文化」とは、一方的な自己主張で人を困らせたり嫌な思いにさせたりしてはいけない、ある事柄を持ち出すかどうか、ある行動を取るかどうかは、相手の気持ちや立場に配慮して判断すべき、とする文化のことである。

そこでは、常に相手の気持ちや考えに配慮しながら言動を行うことになる。勝手な自己主張を控え、思いやりを持つべきとする日本の文化は、まさに「間柄の文化」と言える。そのような文化のもとで自己形成してきた日本人の自己は、個として閉じておらず、他者に対して開かれている。

動機づけの領域でも、「だれかのため」ということが強いモチベーションになるのが日本人の特徴とされるが、「間柄の文化」に生まれ育つ日本人の心は、なにも対話的な学びにこだわらなくても、もともと他者に対して開かれているのである。

なんでもアメリカ流を追随するのではなく、文化的背景を考慮すべきだろう。

第3に、個性が大切と言いながら、なぜ一律にグループ学習や他者との議論を授業の軸に据えようとするのか、ということだ。

人にはそれぞれ個性がある。たとえば、内向的か外向的かということにも遺伝要因が強く関係していることがわかってきている。学び方にも、社会貢献の仕方にも、個性に応じた多様性が認められるべきだろう。

みんなとしゃべりながら学ぶのに向いている子もいれば、みんなといると気が散って集中できず一人で学ぶのに向いている子もいる。他者との協同で社会に貢献する大人もいれば、個人として仕事と向き合うことで社会に貢献する大人もいる。

それにもかかわらず、そうした個性の違いを考慮せずに、なぜ、だれもがグループ学習や他者との議論を通して学んでいかないといけない、ということになるのか。

さらに言えば、個性の違いということとは別に、そのような学習形態ばかりを重視していたら、子どもたちのなかに、学びという孤独な内的活動に真剣に向き合うような心の構えが形成されない。

第4に、「対話的」学びの大切さに関しても、「対話的」学びというのが、なぜ同級生や教師との対話というような外的対話の形を取らなければならないのか、ということだ。

ものごとを深く考えながら学ぶには、書物との対話、そして文章に反応し活性化している自己との対話がなければならない。自分自身が直接経験できることには限りがある。ゆえに、書物を通してさまざまな知識や経験、出来事や視点と出会い、その著者や自分自身との対話を通してそれらを吸収・消化し、自分の人生に活かすことになる。

人と対話している際には、そのように書物や自分自身の世界に沈潜《ちんせん》し、思考を深めることはできないだろう。

アクティブ・ラーニングの勘違い

主体的・対話的な方法として推奨されているアクティブ・ラーニングだが、アメリカの教育学者のボンウェルとイーソンは、多くの文献で使われるアクティブ・ラーニングという概念に共通して含まれる特徴として、つぎのような点を指摘している（山内祐平「アクティブラーニングの理論と実践」、永田敬・林一雅編『アクティブラーニングのデザイン――東京大学の新しい教養教育』東京大学出版会）。

・学生は聞いているだけの状態よりも授業に関与している
・教師から学生への情報の伝達よりも、学生の能力開発を重視する
・学生は高次の思考活動（分析、統合、評価）に従事している
・学生は何らかの活動をしている（読書・議論・作文など）
・学生自身の態度や価値観に基づく探索活動の重要性が強調される

山内によれば、1990年代にアメリカの大学進学率が50パーセントを超え、従来のように講義をしているだけでは授業が理解できない学生が出てきたため、指導法や学習支援体制の検討が行われることになったが、そうした動きのなかでアクティブ・ラーニングという言葉が広まっていったという。

右にあげた特徴を見れば、グループ学習や議論、発表を取り入れればアクティブ・ラーニングになるわけではないとわかるはずだ。

「活動あって学びなし」といった批判の声があることを指摘した。

そうした批判を踏まえて、単にグループ学習や議論を授業に取り入れるだけがアクティブ・ラーニングではない、やり方が問題なのだとされた。そして、みんなで話し合うスタイルを取り入れれば、アクティブ・ラーニングなのだという勘違いを脱しないといけないと言われるようになった。

実際、アクティブ・ラーニングと称してグループワークを取り入れた授業を多く受けている学生たちに尋ねたところ、次のような不満の声も多い。

・みんな勝手な思いつきを言うばかりで、議論が深まらないし、知識が身につかない。
・ただのおしゃべりになってしまい、授業料がもったいない。
・自分がちゃんと予習をして授業に臨んでも、みんなは全然予習してこないから、話し合う意味がない。
・タダ乗りする人が多いから納得がいかない。
・知識がない者同士で話し合っても勉強にならない。

一方で、グループワークの授業の方が講義形式の授業よりいいという学生の意見としては、つぎのようなものがある。

・座学だと眠くなるけど、グループワークだと寝ていられないから集中できる。
・グループワークだと分担した調べ事をやらないといけないから、予習をするようになった。
・他の人の意見も聞くことができて参考になる。
・自分の意見を発表する練習になり、就活に有利になる。

結局、前項で指摘した疑問点をとりあえず棚上げするにしても、アクティブ・ラーニングとしてのグループワークやプレゼンテーションが有効に機能するかどうかは、それに先だって知識の獲得が十分に行われているかどうかにかかっている。

まずは知識の吸収が大切

知識を吸収することがあたかも悪であるかのような議論をしばしば耳にする。露骨にそう言わないにしても、知識の吸収に徹してはいけないということを前提として議論が進んでいたりする。

知識をただ羅列するように記憶するより、知識を体系化し、必要なときに引き出しやすくしなければならない。知識を孤立させて記憶しておくのでなく、有機的に関連づけ、体系化することが大切だ。それには同意する。

だが、体系化を急ぎすぎると、小さくまとまった世界が頭のなかに出来上がってしまう。

やたら歴史上の出来事が起こった年号ばかり覚えている子がいる。一方で、歴史上の個々の出来事を因果関係で結びつけて、それぞれの出来事の意味を説明できる子もいる。前者より後者の方が望ましいのは当然のことだ。

個々の出来事の意味を深く理解するには、多くの文献を読みあさることが必要だ。どこまで読み込み、吸収するかで、体系化の仕方が違ってくる。

体系化する前に、ただひたすらに吸収する、がむしゃらに蓄積していくことが求められるのではないか。体系化するのは、その後でいい。そうでないと小さくまとまってしまう。

まずは多様な知識の吸収に徹することが大切だ。体系化など考えずに、バラバラでもいいから吸収する。バラバラな方が、後で自由自在に結びつけることができる。

知識・経験をひたすら蓄積していくと、そのうち自然に発酵し、何らかの発想が湧いてくるものだし、視野が広がり、これまで得た知識や経験を体系的に位置づける視点が得られる。

あらゆる知識を吸収し、それらを関連づけるメタ（高次の）認知的な視点を獲得するには、読書が最適だ。それにもかかわらず、読むより活動することに重きを置くべきというような議論が行われているのはどうなのだろう。

読むことが受け身の学びだというなら、それは大事なことを見逃しているのだろう。読むという行為が受け身かどうかは学習者の心の姿勢の問題である。読むという行為にも、能動的な読み方もあれば受動的な読み方もある。

講義を聴くのも同じだ。能動的な聴き方であればアクティブな学習になるし、受動的な聴き方であればアクティブな学習にはならない。従来のような講義形式がアクティブな学習を妨げるわけではない。むしろ能動的な聴き方ができれば、知識の吸収や視点の取り込みができ、非常に効果的な学びになり得る。

プレゼンテーションをしたり、議論をしたりする対話的な学び方が、深い学びのために非常に効果的な方法であるかのような主張もあるが、それはあまりに偏った考えではないだろうか。自分以外の視点を取り入れるには、他者と語り合うことも効果的だが、それが唯一の方法ではない。

読書することや講義を聴くことで自分のなかにない視点に出会うこともできるし、読書や講義を刺激にして想像力を働かせながら自己との対話をすることで、中途半端な他者との対話よりも豊かな視点を獲得することができる。

ひたすら深く読んで考えるタイプ。実験や観察といった活動よりも、抽象的な思索を好むタイプ。人としゃべりながら学ぶよりも、自分の心の世界に遊びながら学ぶタイプ――。

グループワークや発表などの活動を授業に積極的に取り込むことにより、そういうタイプの子どもたちから貴重な学びの世界を奪ってしまうことが危惧される。

自信を持つのは、もっと後でよい

グループワークが中心の授業に対して不満を訴えに来る学生と話すと、知識欲が旺盛なことが多い。そうでなければわざわざ教員にそんな話をしに来ないだろう。

そこでいつも思うのは、まだ中身が充実しないうちは自分の意見を発表したり、発表のスキルを訓練して身につけたりするよりも、中身を充実させるためにひたすら吸収する方が大事なのではないかということである。

仕事上、何らかの議論の場に身を置いた際に、積極的に意見を述べる人のなかに、非常に偏った意見を自信たっぷりに述べる人がいて、明らかに視野の狭さや知識の乏しさを感じさせるのに、他人の意見を否定し、あくまでも強引に持論を展開するのを目の当たりにすることがある。

「根拠は3つあります」「まず結論から言いますと」など、プレゼンテーションのスキルを身につけているのはわかるが、中身がスカスカなのが透けて見える。


数年前に私は『薄っぺらいのに自信満々な人』（日経プレミアシリーズ）という新書を出版したが、共感してくれる人が多いようで、多くの人が読んでくれている。

昨今の教育の潮流のせいで、プレゼンテーションやディベートのスキルを訓練するような授業や研修を受けるばかりで、知識の吸収が疎《おろそ》かになっていて、思考が深まっていない。そのため、薄っぺらいのに自信満々な人が身近に増えて、うんざりしている人が多い。そういったことのあらわれでもあるのだろう。

私が40年にわたる教員経験を通して感じたのは、意見を積極的に言う学生のなかには、もちろんしっかりと考えている者もいるが、知識が乏しく、勉強しておらず、そのため思考の浅い者もけっこういるということだ。

ゆえに、積極的に発言する姿勢を成績評価の基準にすると、きちんと勉強し、しっかり考えている学生よりも、思考の浅い学生の方が好成績になってしまう、といったおかしなことも起こってしまう。

そこで紹介したいのが、アメリカの心理学者ノレムらが唱える防衛的悲観主義という概念である。

防衛的悲観主義とは、これまで実績があるにもかかわらず、将来のパフォーマンスに対してはネガティブな期待を持つ傾向を指す。実際には成果を出しているからもっと自信を持ってもいいのに、常に不安が強く、今度はうまくいかないかもしれないと悲観的になるタイプである。

一般に、防衛的悲観主義者は成績が良いことが、多くの研究により示されている。悲観的だからこそ慎重になって用意周到に準備するため、成果を出すことができるわけだ。

つまり、将来のパフォーマンスに対して不安があり、楽観的になれないことが、成績の良さにつながっているのである。

実際、成績が良いのに不安が強い人物にもっと自信を持つように働きかけると、不安が減る代わりに成績が低下することが実験により証明されている。不安が強いからこそ、好成績につながるような準備がしっかりできるのである。不安をかき消すために必死に頑張っていた人の不安がなくなると、準備が適当になってしまう。

もうひとつ、認知的複雑性についても考えてみたい。

認知的複雑性とは、ものごとをさまざまな視点から見ることができるかどうかということである。

アメリカのトランプ大統領や日産自動車元社長のカルロス・ゴーンなどが意見を論じる様子を見ていると、非常に強引なことを自信たっぷりに述べていて、まさに薄っぺらいのに自信満々な姿に映る。

私は、日本人が堂々と自分の意見を述べることができないのは、日本文化においては認知的複雑性の高さに価値が置かれてきたからではないかと考えている。

自分の意見がないわけではなく、しっかりあったとしても、人の意見を聞いていると、その人の立場もわかるし、そう言いたくなる気持ちもわかるし、相手の視点から見れば、そういう理屈も成り立つように感じられるため、反論しにくくなる。あるいは、自分の意見を言う際にも、それが絶対的なものとは思えず、別の視点から見れば違う理屈もあるだろうなと思うからこそ、自信たっぷりに述べることができない。

このように認知的複雑性が高いため不安が強く、自信たっぷりになれないので、とりあえず自分の視点があったとしても、もっと違う見方もあるかもしれないと、あらゆる視点を探ろうとする姿勢を取ることができる。ゆえに、思考が深まる。

それに対して、欧米をはじめ多くの国々の人たちが、どんなに偏った意見でも、思慮の浅い意見でも、平気で堂々と口にするのは、常に自信たっぷりに振る舞っていないと生き残れないような文化で育ってきているからではないか。

そう考えると、自分の意見を自信満々と述べる人に引け目を感じる必要がないことがわかるだろう。学校で学ぶ時点では、自信を持って自分の意見を述べるよりも、視野を広げ、もっと思考を深めるために、ひたすら吸収する姿勢を持つことが必要なのではないか。

不安や自信のなさが、さらなる学びのモチベーションとなり、視野の広がりや内面の充実につながる。自分の視点に自信を持つのは、もっと後になってからでいい。小さくまとまることは成長の妨げとなるだろう。

第2章

「能動的に学ぶ」が誤解されている

「知識伝達 - 知識受容型」教育への批判

かつてのような変化の乏しい静的な社会では、知識の伝達が価値を持ち、「知識伝達 - 知識受容」という形の教育が有効だった。しかし、これからの変化が激しく予測不可能な社会では、既存の知識の伝達の価値は薄れるため、知識の伝達 - 受容といった形の教育では対応できない。ゆえに「知識伝達 - 知識受容型」教育から脱して、学習者が受け身にならずに能動的に学び、学んだことを生活実践のなかに活かせるようにしないといけない――。

このところの教育改革においては、そのような主張が盛んに言われている。

ITの発達により私たちの生活は目まぐるしく変化し、この先どのような社会になっていくかの予測は非常に難しい。だが、私たちがこれまで学んできた知識というのは、そんなに閉じたものばかりだろうか。社会が変化したら意味がなくなるものばかりなのだろうか……。

私は、社会の変化にどう対応していくか、あるいは社会をどのような方向に持っていくべきかを考えるにも、知識が大きな力になると思う。

教育改革に関する議論のなかでは、もはや知識を学ぶ時代ではない、自ら考えるような学びを中心にすべきであるということが提言されたりするが、知識がないより知識がある方が思考が深まり、適切な判断ができる可能性が高いだろう。

たとえば、戦国時代の人々の生活様式と現代人の生活様式はまったく異なるし、江戸時代の人々の生活様式と現代人の生活様式もまったく異なるが、それぞれの時代の思想に関する知識も、文学に関する知識も、歴史上の出来事に関する知識も、現代を生きる私たちにさまざまなヒントを与えてくれる。

最先端の技術的な知識ばかりが取り沙汰されるが、目まぐるしく変化してきた科学技術も、それを支援してきた政治体制も、思想と深くかかわっているし、人間の普遍的な欲望とも深くかかわっている。

これからの時代に役立つ知識を学ぶ必要があるということになると、学校の勉強は実社会では役に立たない、仕事で使う実践的スキルを学ばせるべきだなどと、非常に浅いレベルでの表面的な関連を連想する傾向がある。だが、たとえばプレゼンテーションのスキルばかりを鍛えても、物事を深く理解し、考える力、想像力を飛翔させる力が鍛えられていなければ、良い仕事ができるとは思えない。これからの時代を生き抜く力、これからの時代を創造していく力をつけるための教育となると、もっと深いレベルの関連を想定しておく必要があるだろう。

もはや既存の知識は意味がないといった発想こそ、重要な意味を取り逃しているのであり、教育現場では生きる基盤となり得る知識をしっかりと伝達することが必要である。学習者に思考の道具となる知識を提示していかなければならない。

そうした知識を単に受け取るだけでなく、生きた知識にしていくのは、学習者側の心の姿勢による。

そもそも、かつての「知識伝達‐知識受容型」教育を受けてきた今の大人たちのなかにも、自分のなかで生きた知識にしてきた者もいれば、ただ受動的に受け取っただけで、本人のなかで生きた知識になっていない者もいる。

もしも、かつての「知識伝達‐知識受容型」教育を受けた者が、受け取った知識から生きた知識を生成し、自らの生活や社会にそれを活かすことができないのだとしたら、今、教育改革を行っている大人たちの判断は信頼できず意味がないということになってしまう。

だが、そんなことはないと信じたい。であれば、当然のことではあるが、知識を豊富に取り入れることが大切だということになる。

「教えない授業」が能動的・主体的な学びなのか

知識を伝授するような授業はもう古い。これからは学習者が能動的・主体的に学ぶように促さなければならない。だから教師は授業で教えるという姿勢を取ってはいけない――。そのような議論もしばしば耳にする。

ある大学でのことだ。教育学の教員が、「自分は何も教えない。君たちが勝手に学ぶんだ」といって、授業で毎回雑談ばかりしている。あんな授業に出ても意味がない、授業とまったく関係ない雑談ばかりだ。そんな苦情を学生たちが口にした。「教えない授業」が最先端みたいな発言をその教員がしているのを耳にしたこともあり、それを自ら実践しているつもりだったのだろう。

別の大学でも、やり方は違うものの、似たような経験をした。やはり教育学の教員が、授業が始まるとその日のテーマを黒板に書き、学生たちはすぐに教室を出て60分間図書館で過ごし、文献を探したり読んだりして、その日のテーマに関連した簡単なメモを作成し、教室に戻り、最後の15分で何人かが指名されて発表する。学生たちは、先生は授業中も研究室でくつろいでいるし、手抜きだ、これでは自習と同じで、授業料を払う意味がない、と文句を言っていた。

その教員も、「教える授業はもう時代遅れだ」というような発言をしていたので、最先端の授業を自ら実践しているつもりだったのだろう。

知識や理論を提示し、解説するなどして教えると受動的な学習になってしまう、能動的な学習にするには教えてはいけない。そのように言われることがあり、それを真に受けて「教えない教育」に徹する教員もいるわけだが、それは能動的な学びを取り違えているのではないか。

心理学者の市川伸一も、「教えない教育」の弊害について指摘している。学習相談室にやってくる生徒たちの悩みでもっとも多いのが「授業がわからない」というものだが、その理由が「教えない教育」にあるという。

最初、私はてっきり、いわゆる「教え込み」「詰め込み」の授業を受けているからだろうと思っていた。つまり、「過密カリキュラム」といわれるようなたくさんの内容を、教師が次々に解説的に教えていくために、子どもは消化不良になり、授業がわからないと言い出すのだろうと。

ところが、来る子どもに「なんで授業がわからないの」と聞いてみると、「先生が授業で教えてくれないから」という答えが返ってくることが1990年代を通じてしだいに増えているように感じた。「自分で考えてみましょう」「いろいろな考えを出し合いましょう」「みんなで話し合って考えましょう」という自力解決、協働解決の時間がやたらに多くとられ、先生がきちんとわかりやすく説明してくれない、と子どもが訴えるのである。そして、今日は何をやったのか、自分は何がわかったのかが釈然としないまま授業が終わり、それがどんどん蓄積していくのだという。（市川伸一『授業からの学校改革――「教えて考えさせる授業」による主体的・対話的で深い習得』図書文化社）

そこで、市川は、「教えて考えさせる授業」を提案することになったという。「教えて考えさせる」など当たり前だと思うかもしれないが、教育現場では「教えないで考えさせる」といった奇妙なことが行われているのである。

子どもも大学生も、何の知識もなく考えるように言われても、十分に考えることはできない。教科書や資料を読んで自分で考えるように言われても、だれもが自分で読んだだけで深く理解し吸収できるわけではない。それができるくらいなら、授業も教師もいらないだろう。

知識も経験も豊富な教員がわかりやすく解説することで、学習者は知識を深く理解し、それを思考の道具として使うことができるようになる。「教えない教育」では、自分で自由に考えるように言われても、思考の道具として使える知識が乏しく、そのため自分の経験を抽象化することができないため、十分に考えることができないのだ。

知識は思考を妨げない

知識の豊かさが深い思考を可能にすることは、すでに第1章で指摘したが、元東京大学副学長で心理学者の南風原朝和《はえばらともかず》も、迷走する大学入試改革に関連して、つぎのように述べている。

私は、今回の一連の改革を進めようとしている方々の理念について、その中での言葉の使われ方、意味に違和感があります。例えば、「現状の大学入学者選抜は、知識の暗記・再生の評価に偏りがち」だから、改革すると言われます。ここで「知識」は「暗記」し「再生」されるものと単純に捉えられています。しかし、実際には知識は個人の中でダイナミックに更新・再構成されるもので、知識を使って思考するプロセスを経て、より深い理解を伴う知識が構成されていきます。つまり、知識と思考は双方向的な関係にあるはずです。(『中央公論』

２０２０年２月号、以下同誌）
「断片のように思われる知識でもそこにある共通した原理がわかる、あるいは相互に関連付けられる知識」は、「偏重」される価値のある大事なものです。「知識偏重からの脱却」を主張される方々には、「知識」というものの意味について、見直していただく必要があると思います。

入試改革に関しても、授業改革に関しても、このところの議論を見ていると、明確な根拠なしに、知識というものを悪玉視しているように思えてならない。能動的・主体的な学びを促進するためには、まずは深い思考を可能にするような豊かな知識を取り込んでもらう必要がある。知識の取り込みが深い思考につながらないとするなら、学習者の理解に問題があるか、教育者の知識提示の仕方に問題があるかであって、知識を提示するような「教える教育」が悪いということではないはずだ。

私は、生きた知識になるようにといった意図のもと、できるだけ日常生活にありがちな出来事に関連づけて知識を提示することを心がけている。

私の講義形式の授業を聴講した受講生たちによる、匿名性を保証された授業評価のコメントが、2019年の授業評価の結果として教務課から送られてきたので、つぎに紹介してみよう。

「教科書を読んだだけでは理解が難しいことを、さまざまなわかりやすい日常の事例を使って説明してくれることで、非常にふに落ちる理解ができる」

「先生の経験や、用語についての私たちにとって身近でわかりやすい解説など、ひとつひとつていねいに講義していただき、とっても興味深い授業でした。また、教科書にただ従って進めるのではなく、より今に合った、現代に近い内容で、私たちにとってより理解しやすいよう講義のなかでうまくお話しして頂く順も工夫してくださり、生徒に対する思いやりや授業に対するパッションを感じ、いい学びになりました」

「先生の具体例が多くて、わかりやすかった」

「事例を交えての講義であり、内容がわかりやすかった」

「難しい用語が多かったが、先生が身近な具体例で説明してくれたので理解しやすかった」

「先生の具体的な事例を交えた説明はとてもわかりやすく、興味を引くものでした」

「『心理学』というと、自分の嫌な面やダメな点がわかるのかと思っていて、良いイメージがありませんでした。しかし、先生はいろいろな事例を取り上げながら説明してくれて、『自分にも似たことがあったか？』を考えたりしながら、取り組むことができました。『心理学』のイメージが、私のなかでは良くなりました。また、もう少し『心理学』のことを勉強したいなと思いました」

「単に教科書を説明するだけでなく、身近でわかりやすい例をあげて説明があったので、とてもわかりやすく、興味深く授業を受けることができました。授業時間がとても短く感じ、もっと学びたいと思いました」

「経験の話、事例を多く提示し（言葉のなかで）、大変イメージしやすい講義です」

こうしたコメントからもわかるように、受講者の日常に想像力を働かせられるような形で授業を行えば、知識伝達型の授業を能動的・主体的な学びにつなげていくことができるはずである。

個人学習の方が学力は高い

アクティブ・ラーニングとして、グループでの話し合いや何らかのプロジェクトを行うなどのグループ活動をする授業に対して、勉強熱心な学生ほど不満が多く、あまり勉強熱心でない学生ほど満足している者が多いといった傾向がみられた。

学生たちによく話を聞くと、講義形式の授業では受け身になってしまい、発展的な学習をしないだけでなく、講義中もボーッとしたり、寝てしまったりすることが多いという学生にとって、グループで議論したり分担して調べたりする授業は、ちゃんと参加していることを実感できるから満足できるようだ。

一方、グループ活動に不満を持つ学生は、何の知識もなく、勉強していないような同級生たちと勝手な思いつきを言い合っても意味がないし、専門的な知識が豊かな教員から講義を受ける方がはるかに刺激的だという。

ここで思うのは、アクティブに学ぶということの意味である。

私が学生だった時代には、アクティブに学ぶなどという言い方はなかったが、学問というのは孤独な作業であり、授業に出ていれば学問が身につくというような甘いものではないと教員から言われたものだった。

ゆえに、アクティブに学ぶかどうかは、学習者に任されていた。

アクティブに学ぶ学生は、博識な教員の講義を刺激として、知識を獲得するだけでなく、気になったことについて家や図書館で専門書や論文を読んだりして、深い学びを行っていた。

それに対して、受動的に学ぶだけの学生は、講義に出て、試験前に講義ノートをもとに知識を丸暗記するだけで、講義を刺激に発展的に学ぶということはなかった。

自分の興味のある科目かどうかということで、そうした姿勢を使い分けるということもあった。

また、授業とは別に、学生同士で勉強会・研究会をつくり、放課後に文献を読んだり、それをもとに発表したり議論したりしたものだが、そうした授業外の学びもアクティブな学びと言える。私は教員になってからも、こちらが音頭を取る形ではあるが、長年にわたって勉強会を行ってきた。

本来、アクティブな学び、主体的な学びというものは、授業中の心の姿勢や授業外の学習活動によって行われるものであり、教員の授業のやり方で無理やりさせられるものではない。

そのような意味でアクティブに学ぶ学生が今もいるはずで、そのような学生は中途半端な学生同士のグループ活動に不満を持つのだろう。

能動的・主体的な学びを促す方法としてアクティブ・ラーニングが推奨されているが、このように自発的に学ぶ姿勢を持つ学生は不満を持ち、自発的に学ぶ姿勢が乏しい学生は満足するといったことになりがちである。

それだけではない。苅谷剛彦によれば、アメリカの大学では近年グループ学習や体験学習が奨励されているものの、大方の予想に反し、調査の結果を見ると、グループで学習するより単独で学習する時間が長い方が学力が高まるという。さらには、体験学習の頻度が批判的思考力などの育成にはあまり関係しないことも明らかになっている。そうした結果をもとに、安易な学習論の流行に乗らないようにとの警告を発している。

すでに第1章で言及したように、山内祐平によれば、1990年代にアメリカの大学進学率が50パーセントを超え、講義をしているだけでは授業が理解できない学生が出てきたため、指導法や学習支援体制の検討が行われるようになり、アクティブ・ラーニングという言葉が広まっていったという。

ということは、講義を理解できない学力の低い学生や学習意欲の乏しい学生を救うために注目されたのがアクティブ・ラーニングなわけだから、過度な期待は禁物である。

むしろ、学力が高く、学習意欲も高い学生の場合は、高度な講義を刺激に発展的学習をしていくといったスタイルが適しているのではないか。そんな可能性も念頭に置いておく必要がある。

講義を聴く学生は受動的に学んでいるのか

アクティブ・ラーニングが推奨されるようになって、講義形式の授業は知識の伝達をするだけで、学習者を受け身にさせてしまうといった見方が教育界に広まっている。

しかし、アクティブ・ラーニングの広まりによって、学力の低下が懸念される事態が生じ、「活動あって学びなし」といった批判が出たり、学習意欲の高い学生が不満を持ったりしている。

それはアクティブ・ラーニングの具体的なやり方がまずいのだといった議論もあるが、そもそも講義形式の授業がアクティブな学びの妨げになるという前提に誤りはないだろうか。

それについて考えるにあたって、ふたたび私の講義形式の授業を聴講した受講生による授業評価のコメントを見てみよう。

「ホワイトボードと口だけの授業で、ここまで理解の深まる授業は初めてでした」

「先生の説明がとてもわかりやすく、集中して取り組むことができました。パワーポイントなしの授業に集中できるので、私自身とてもやりやすかったです」

『心理学』をただ形式的に、テキストに沿ってやる、というのではなく、先生の思いや熱意が感じられるとても良い授業でした。体調的には万全ではありませんでしたが、それを忘れてしまうほど楽しく面白かったので、あっという間に授業時間が過ぎました」

「心理学には以前から興味がありましたが、先生の思想は今回初めて知り、もっと早く出会いたかった気持ちです。大変楽しく、またとても心に落ちる内容で、受講できてとてもよかったです。私は、先生の教授法が大好きです」

「心理学と聞くと、どこか『あやしい』『いんちきくさい』と思っていましたが、先生の講義を受け、まったく違うものだったと認識しました。受講できてよかったです」

「大変勉強になった。長い時間も話が面白かったのであっという間に終わった。役に立ちそうな内容で、今後も理解を深めて知見を広げたい」

「先生の熱意に引き込まれるばかりでした。内容がわかりやすく、身近な話題が多いので、とても学びやすかったです」

「教員の熱意が感じられ、問題の本質に気づけた」

「先生のお話は大変深く、学ぶところが多く、充実した講義時間でした」

「内容がわかりやすく、大学らしい内容で、学ぶ喜びを味わうことができました」

「担当講師の説明が大変わかりやすく、科目に対する興味を引く点が大変よかったと思います。それもあり、今後も心理学について深く学びたいと思う機会をいただいたと思っています」

「先生の経験をユーモアたっぷりに話してくれたので、楽しく受講できた。心理学を深く学びたくなった」

「とてもわかりやすく、心に刺さることばかりでした。もっと専門的な部分を学んでいくべきだということに気づくことができました」

「教育とは何ぞやとの思いが深く伝わりました。自分のなかで眠っていた教師という願望が目ざめ、教師を目指します。一つのきっかけとなり感謝いたします」

「今まで受けた授業のなかで一番わかりやすかったです。また、自分から学ぼうと積極的に取り組めたのは初めてでした」

「すごくわかりやすく、自分が何度質問をしに行ってもしっかりと回答をいただき、授業内で自分の人生に自信をいただきました」

「率直な言葉と人柄で進んでいく講義はとても興味深く、もっと学びたいと心より思いました。友だちを作りに来ているのではなく、学びに来ているので、他の教科のようにグループワークが多くないのも、限られた時間を最大限に活用できたと思いました」


このような受講生たちのコメントをみても、「楽しい授業」の条件として、「わかりやすい」ということが必要不可欠だとわかるだろう。「わかること」によって授業や教授者に対して心が開かれていく。

それと同時に、受講生たちは「わかりたい」という思いを強く持っていることがわかる。

その思いが満たされることで、「集中して取り組むことができた」「あっという間に授業時間が過ぎた」「問題の本質に気づけた」「学ぶ喜びを味わうことができた」「教育とは何ぞやとの思いが深く伝わった」「自分から学ぼうと積極的に取り組めた」ということになる。このような学生のことを受動的だと言えるだろうか。能動的に学んでいないだろうか。

教科書を読んだだけではわからないことがわかる授業によって、理解が深まる。これまでわからなかったことがわかるようになる。そのようにして自分の成長や熟達を感じることが、「授業が楽しい」「この教科の勉強が楽しい」という思いを生み、「もっと学びたい」「深く学びたい」といった意欲を生み出していく。授業評価は教務課が集計し、教員はだれが何を書いたかはわからないので、評価を意識したものではなく、素直な思いが記されているとみてよいだろう。

「今後も理解を深めて知見を広げたい」「今後も深く学びたい」「心理学を深く学びたくなった」「もっと専門的な部分を学ぶべきだということに気づくことができた」「もっと学びたいと心より思った」などといった言葉にあらわれているように、講義をきっかけに授業外の時間に能動的・主体的に学ぶ意欲が湧くのであれば、その講義はアクティブな学びの場になっていると言うべきだろう。

「能動的・主体的」は、学ぶ側の心の姿勢だけではない

こうして見ると、能動的・主体的に学んでいるかどうかは、講義かグループ活動かといった授業形式によって決まるのではなく、学ぶ側の心の姿勢によることがわかるだろう。

学習者側の知的好奇心が強かったり、その学びを自分の生活に活かしたいといった思いが強かったりすることが、能動的・主体的な学びが生じる条件のひとつと言える。

いくら知的好奇心を強く刺激する授業であっても、学習者の側に学びたいという

思いが乏しい場合、なかなか能動的・主体的な学びの場になっていかない。

その場合は、前項で「わかること」によって授業や教授者に対して心が開かれていき、授業が楽しいと思うようになり、もっと学びたいと思うようになることを指摘したが、できるだけわかりやすい授業を工夫することで、学習者のなかに眠っている「わかりたい」という思いを目ざめさせることが必要となる。

わからないことがわかるようになるのは、だれにとっても嬉しいことであり、もともとだれもが「わかりたい」という思いを持っているはずである。ところが、わからない授業を数限りなく経験することで、「わかりたい」という思いが抑圧されてしまっていることが少なくない。

ただし、学習者の側にいくら学びに対する積極的な姿勢があったとしても、教員の側に知的好奇心や自分の生活に活かしたいといった思いを満たす力量がなかったり、学習者の心を刺激したいという情熱が乏しかったり、授業の形式が学習者の知的好奇心を満たすものでなかったりすれば、能動的・主体的な学びにはなっていかない。

ゆえに、「能動的・主体的な学び」というのは、学習者と教授者の相互作用によって生み出されるものと言える。

さらには、アメリカで大学進学率が50パーセントを超え、講義を理解できない学生が出てきたため、アクティブ・ラーニングが提唱されるようになったという経緯からしても、またグループで学習するより単独で学習する方が学力が高まるといった調査結果からしても、何が何でもアクティブ・ラーニングとして推奨されるグループ活動を盛り込んだ授業形式を取り入れよう、というような姿勢を取ることは好ましくない。

たとえば、大学であれば、放っておいても能動的・主体的に学ぶ姿勢のある学生には、講義形式で密度の濃い授業を行うようなことがあってもいいだろう。

思考力を知識と切り離してどう評価するか

知識偏重教育から脱すべきとの動きのもと、学校では学習評価を「知識・技能」「思考力・判断力・表現力」「主体性」によって行う方向に進んできた。２０２０年度から始まる予定の大学入学共通テストでも、学力をこの3つの観点からとらえ、とくに「思考力・判断力・表現力」を中心に評価するという。

思考力を知識と分けて評価することに関しても、単に丸暗記で解ける知識を問う問題だけでなく、答えを出す過程を問うための記述式問題を取り入れるというと、理解できる部分もある。

入試などでは、その程度の区別で、ある程度は納得せざるを得ないのかもしれないが、ふだんの授業を通して生徒の学力を評価するとき、知識と思考を分けて評価するというのは至難の業である。

知識が思考と深く結びついていることはすでに指摘したが、たとえば記述式問題の解答というのは知識と思考の結晶と言える。正答に至る思考ができるのは、それを可能にする知識があるからではないのか。

また、思考というのは外から観察できない内面的な動きであり、記述にあらわれていない思考過程が働いているものである。それを記述されたものから評価して足りる、というものではないだろう。

前出の南風原も、専門のテスト理論の立場からも問題があるとし、

思考力を中心に評価しようとしても「思考力」という構成概念の定義がはっきりしなければ、具体的に何ができる人なら高得点がとれ、何ができないと点数が低くなるテストなのかがわからない。それではテストはできません。（『中央公論』２０２０年2月号、以下同誌）

知識と思考は双方向的な関係にあるのに、思考力を知識とは別のものと考えて妥当ではない定義をしてしまうと、テスト内容があらぬ方向に行ってしまいます。

と述べている。

「主体的に学習に取り組む態度」の評価に意味などない

さらに、脱・知識偏重教育の一環として、主体性、つまり主体的に学ぶ姿勢については「関心・意欲・態度」によって評価することになった際に、どう測るかをめぐって多くの議論が行われてきた。

単に授業中の挙手の回数、発言の頻度、ノートの取り方など表面的な評価が行われていることへの批判もみられ、文部科学省でもそのような表面的な評価に陥らないようにと注意を喚起し、「主体的に学習に取り組む態度」というように言い換えられたりしている。だが、実質的に何かが変わったとも思えない。

挙手の回数や発言の頻度など客観的な基準を設けたのは、評価が主観的にならないようにとの配慮によるものと思われる。しかし、そうした表面的な基準では主体的に学習に取り組んでいるかどうかなどわかるわけがない。では、どうしたら評価できるのか。

結局のところ、「関心・意欲・態度」にしても、「主体的に学習に取り組む態度」にしても、そうしたものは評価に馴染まない、つまり他人が評価するようなものではないということなのではないか。

そもそも学力試験の結果から切り離された「関心・意欲・態度」あるいは「主体的に学習に取り組む態度」というのは、いったい何なのだろうか。

自分はある科目の定期試験の点数がいつもクラスの上位なのに、通知表で5段階評価の5がつかないのに対して、定期試験の点数が平均点程度なのに先生にしょっちゅう質問に行く生徒は通知表で5がつく。そうしたことに不満を漏らす生徒がいる。「知識」は豊富だが、「主体的に学習に取り組む態度」の評価が低いため、総合的な評価が良くならないということなのだろう。

一方で、内申書の評価を良くする方法はわかっているから、先生に積極的に話しかけたり質問に行ったりして、推薦入学でここまできたけれど、まともに勉強したことがないから、授業を聴いていてもよくわからないと相談に来る学生もいる。「主体的に学習に取り組む態度」の評価が高いため、「知識」が乏しくても内申点を稼ぐことができたわけだが、ここにきて知識獲得や思考力向上につながる勉強をしっかりやってこなかったツケが回ってきた、ということなのだろう。

こうして見ると、「主体的に学習に取り組む態度」というものを「知識・技能」

や「思考力・判断力・表現力」から切り離すことの妥当性に疑問を抱かざるを得ない。

先の例で言えば、定期試験でいつも高得点を取る生徒は、授業中に発言したり、先生に質問に行ったりしなくても、その教科の勉強に対しては強い関心や意欲を持ち、主体的に学んでいるのではないだろうか。

内申点だけで進学してきたから授業についていけないという事例では、その生徒の「主体的に学習に取り組む態度」は見せかけに過ぎず、ほんとうはその教科、あるいは勉強全般に対して、あまり関心もなく、意欲的に学ぶこともしていなかったのは明らかだろう。

私は、「関心・意欲・態度」あるいは「主体的に学習に取り組む態度」が成績評価の基準として重視されるようになることで、生徒たちの空気を読む姿勢が強まったのではないかと考えている。もちろん、それにはＳＮＳの発達も絡んでいるのだろうが、人からどう評価されるかを過剰に気にする姿勢は、試験の成績だけでなく日頃の態度で評価されてしまうところから生じるのではないか。

個々の生徒がどのように伸びているかを把握し、その学習を促進するためには、個人内評価の視点を取り入れることが大切である。その際に、定期試験では相変わらずクラスの平均をかなり下回っていても、知識が増えているという観点だけでなく、授業中に発言ができるようになった、質問に来られるようになったというように、「主体的に学習に取り組む態度」の観点からの評価をすることも有効だろう。

ただし、それはそのような評価を日常の学習意欲の向上に活かすという意味であり、入試で用いるとなると話は別である。

2020年度からの大学入試改革において、主体性の評価を積極的に取り入れるように、という方針が文部科学省から示された。このことで、高校から提出される調査書をもとに主体性を評価し、一般入試で点数化する大学が出てきたり、高校入試でも生徒自身が書いた自己PR書を用いる自治体が出てきた。

それらについては、すでに紹介し、そこから主体的に学ぶ姿勢、主体的に生きる姿勢がどれだけわかるだろうかといった疑問を提起してきた。

だが、大学入試で主体性の評価が点数化されて受験の結果を左右するのであれば、学校教育の現場ではますます主体性の評価が猛威を振るうことが危惧される。現実に、主体性の評価を良くするためのコツを塾が教え込むようになっているのである。

教科の内容には非常に興味があり、しっかり勉強しているが、教員から好意的な評価を得るために自己アピールをするのは何だかえげつなくて嫌だ、という価値観を持つ生徒が低く評価される。

内向的なため、授業中にたびたび発言したりグループ討論で積極的に意見を言ったりしないが、授業中は集中して聴いているし、家でも教科の勉強には力を入れている生徒が低く評価される。クラスのみんなと意見交換することに積極的ではなく、一人で孤独に本気で勉強している生徒が低く評価される。教員の、あるいは学校の評価基準からしたら積極性は劣るが、勉強が楽しくて、学問の世界で遊んでいるような生徒が低く評価される。

このように、もし内面を観察し評価することができるなら、そのような生徒の主体性は高く評価されるはずだが、現実には内面は外からはわからないため高く評価されない。そのような「主体的に学習に取り組む態度」の評価というものに、いったいどんな意味があるのだろうか。

関心や意欲を持って主体的に学習に取り組んでいるなら、それは必然的に学力試験の成績に反映されるはずである。逆に言えば、学力試験の成績に反映されない「関心・意欲・態度」や「主体的に学習に取り組む態度」というのは、いったい何なのか。ほんとうに学業に対する主体性をあらわしているのだろうか。評価されることへの関心、良く評価されることへの意欲なのではないか——。

そのような観点から、じっくり検討すべき問題であると思われる。

欧米の評価基準は日本の教育に馴染まない

能動的・主体的な学びが大切だとする流れのなかで、対話的学びや討論、プレゼンテーションが導入されるなど、積極的コミュニケーションのスキルを重視する傾向がみられる。

それに関しては、内向的な学習者や一人で学ぶことで集中できるという学習者もいるので、個性を尊重する必要があると第1章で指摘した。

ここでさらに注意を喚起したいのは、教育の方向性を模索する際には、それぞれの国の文化的伝統を十分考慮する必要があるということだ。

このところの教育界の動きを見ていると、コミュニケーション力の偏重が著しく、静かな学びの価値があまりに軽視されているように思われる。

そして、そうした動きはアメリカの教育を模倣することで生じている。だが、アメリカの教育は、アメリカの文化的な伝統の上に成り立っているものであり、アメリカ的な価値観に基づいて必要とされる能力や人間性を身につけさせるために行われているのである。

たとえば、「発達期待」の日米比較研究を見れば、日本とアメリカで教育すべき内容がいかに異なるかがわかるはずだ。

子どもたちに、こんな人間に育ってほしいといった期待のことを発達期待と言うが、心理学者の東洋《あずまひろし》とヘスらは、母親が就学前後の子どもに、どのような性質や行動を身につけてほしいと期待しているかに関する日米の比較研究を行っている。

それによれば、日本の母親は子どもに対して、従順さや情緒的成熟に関して、アメリカの母親よりも強い発達期待を持っていた。

つまり、「言いつけられた仕事はすぐにやる」というような従順さや、「いつまでも怒っていないで、自分で機嫌を直す」というような情緒のコントロールなどで、日本の母親の発達期待がアメリカの母親のそれを明らかに上回っていた。

一方、アメリカの母親は、子どもに対して、社会的スキルと言語的自己主張に関して、日本の母親よりも強い発達期待を持っていた。

つまり、「友だちを説得して、自分の考えや、したいことを通すことができる」というような社会的スキルや、「自分の考えを他の人たちにちゃんと主張できる」というような言語による自己主張などで、アメリカの母親の発達期待が日本の母親のそれを明らかに上回っていた。

発達期待に関する別の国際比較調査では、幼稚園・保育園の先生や保護者に対して、園で子どもが学ぶべき、もっとも大切なことは何かを尋ねている。

その結果を見ると、日本では共感・同情・他の人への心配りがもっとも重視されているのに対して、アメリカではそのような性質はほとんど重視されていない。一方、アメリカでは自信を持つことがもっとも重視されているのに対して、日本ではそのような性質はあまり重視されていない。

このように、自信を持つこと、自己主張すること、相手を説得して自分の思いを通すことが重視されるアメリカ社会と、思いやりを持つこと、協調的であること、素直・従順であること、わがままを言わないことが重視される日本社会では、理想とする人間像がまったく対照的と言ってもよいくらいに異なっている。

そうであれば、教育によって人格形成をしていく方向性も大いに違っているのが自然である。

「ポジティブ・イリュージョン」についての研究からも、人間性の文化差が明らかである。ポジティブ・イリュージョンとは、自分を過大評価する心理傾向のことであるが、これにも文化差がみられる。

自分の能力や魅力について、あり得ないほどの過大評価がみられることが欧米の研究データから明らかになっている。それは自信過剰なくらいにハッタリをきかせないと生きていけない欧米文化で育つからであって、謙虚さが尊ばれる日本にそのままあてはまるわけではない。

実際に、日本人に関するいくつかの調査研究によれば、やさしさ・思いやり、まじめさ・誠実さに関してポジティブ・イリュージョンがみられるものの、容姿・容貌や頭の良さに関しては欧米人とは逆に自分は平均以下だと思い込むネガティブ・イリュージョンがみられる。

日本は敗戦以来、アメリカの文化を積極的に取り入れてきたが、だからといって日本人の心がアメリカ人の心と同じになったわけではなく、今でもたとえば謙虚さの美徳は失われていないし、思いやりを大切にする心理傾向も健在だ。

そうであれば、教育で目指す人間形成の方向性もアメリカと違っていて当然と言える。

したがって、能動的・主体的な学びというと、対話的学びや討論、プレゼンテーションなど、自己主張し相手を言い負かすための積極的コミュニケーションのスキルに結びつける傾向は見直されるべきではないだろうか。

グローバル化の時代だからといって、欧米流に合わせなければと思うところがまた日本的なわけではあるが、自分たちの文化の流儀を守るためにその良さを発信していくことも必要である。

ビジネスのグローバル化とともに、力ずくでも勝てばいい、言ったもの勝ち、騙される方が悪いというような価値観が広まっているように感じるが、そのような動きに乗っかって便利な人材になるように促すのでなく、疑問を持つ批判的な精神を刺激することも必要だろう。

内向の価値に目を向ける

内向型・外向型という類型論を提唱したことで知られる分析心理学者のユングは、現代は外向的な価値に傾きすぎているが、内向の価値にも目を向けるべきだとしている。そして、自伝のなかで、つぎのように述べている。

多くの人々が時事の記録にあずかり、それについて書いてきた。（中略）私の一生の外的な出来事についての回想は、大部分色あせ、消えうせてしまった。

（A・ヤッフェ編　河合隼雄・藤縄昭・出井淑子訳『ユング自伝 1』みすず書房、以下同書）

内的な体験はまた、私をめぐって起こり、若い時、あるいはそれ以後私に対して重要なもののようにみえた外界の出来事をおおい隠した。私は早くから、一生の問題や複雑さに対して内部から何の答えもこない時には、結局それはほとんど意味をもたないのだという洞察に達していた。（中略）私は内的な出来事にてらしてみる場合にだけ自身を理解することができるのである。

ユング心理学者の河合隼雄は、アメリカにおいては内向的という言葉は、一般には変人、不適応者という意味を含んだ感じで受け取られるが、東洋では少なくとも近世までは内向的態度が高く評価されてきたという。

心理臨床家のムスターカスも、自分自身の内面に沈潜することの価値について、つぎのように語る。

自分が本当に進むべき道は無理に急いで求めようとしても無駄である。新しい気づきと、将来の活動への指針が得られるような自己との対話は、向こうからおのずとやって来るのである。例えば、静かな自然の中で沈黙にひたり、静寂に身を任せている時、あるいは、音楽に耳を傾けている時、自分自身の気持ちに正直に伸び伸びと文章を書いている時、自由に絵を描いている時、あるいは、自由に身体を動かし、リズムを取ってダンスをする時のように肉体が解放されている時に、それは私たちの許をふと訪れてくる。（C・E・ムスターカス 片岡康・東山紘久訳『愛と孤独』創元社、以下同書）

周りの世界が冷たく無意味にしか感じられないような時、また、人波に呑み込まれ、その対応に忙殺させられるような時には、孤独にひとり身を任せることで人は本来の自分に帰っていくことができる。（中略）隠者や孤独な思索家、孤高の精神の持ち主や世捨て人などは、現代社会においてはしばしば奇異の目で見られる。しかし、彼らは自分自身との対話を行なう人々であり、それゆえ真の意味で健全な人々である。逆に、過度に社会適応を求めたり、常に人との交わりを求めたりする行動は、本当の自分に気づくことに対する恐れと、周囲に遅れをとるまいとする不安とに動機づけられている場合が多い。

また、実存心理学者のロロ・メイは、やたらパーティを好み、社交を好むアメリカ人の傾向を考察するなかで、社交には、空虚な自分と向き合わずにすむ、日頃の生活のむなしさを直視せずにすむといった心理機能が付随することを指摘し、社交というもののむなしさについて、つぎのように指摘している。

パーティーで同じ顔ぶれに会い、おなじカクテルを飲み、おなじ話題について語り、時には話題にことかくという状態を繰り返しながら、そのパーティーをあきもせず続けているという事実にはきわめて重要な意味がある。大切なのは、話されている内容それ自体ではなく、なにかが、たえず話されているということである。沈黙は、大きな罪悪なのである。というのは、沈黙は孤独と恐怖を招くからである。自分の話すことにあまり多くの内容をくみとったり、深い意味を含ませてはならない。すなわち、あなたは、自分の口にすることばについて、理解しようとしないとき、かえって有効な社交の機能を果たすからである。

（ロロ・メイ著作集１　小野泰博訳『失われし自我をもとめて』誠信書房）

メイはアメリカ人の社交好きを指摘しているが、前項で述べたように過剰なほどに自信を持ち、相手を打ち負かすべく自己主張をする心理傾向も合わせて、そのようなアメリカの外向的文化に日本人がやみくもに追随する必要はない。当然、子どもや若者にアメリカの価値観を無理やり真似させる必要などないはずである。

それぞれの文化に固有の価値観を否定すべきではないだろう。だが、アメリカ内部でも、外向的価値に偏りすぎて、内面を軽視する自国の風潮に批判の声も上がっているのである。

さまざまなニュースでアメリカ人の発言に触れるにつけ、その自己中心的な傲慢さと薄っぺらさに辟易《へきえき》し、なぜそんなに自信満々でいられるのだろうと呆れることがある。アメリカ流を無批判に取り入れた昨今のディベートやプレゼンテーションのスキルを訓練する教育により、中身の伴わない自己主張が蔓延《まんえん》していることにうんざりしている人も少なくないのではないか。

外向に価値を置くアメリカに対して、日本では伝統的に内向の価値を重んじる文化的傾向が強いので、教育においても内向の価値をきちんと認識しておくべきではないだろうか。そして、学び方においては学習者の個性をもっと尊重すべきだろう。

内面の学びを外面的形式でとらえる愚

このように見てくると、能動的・主体的な学びにしろ、深い学びにしろ、講義かグループ活動かというような外面的な授業形式が決め手になるのではなく、学習者の心の姿勢と、教授者の熱意や力量との相互作用のなかでもたらされるものであることがわかるはずだ。

それにもかかわらず、授業改革といってグループ学習や討論、発表、共同作業などをやたら取り入れようとする動きが盛んであることには、どうしても違和感を拭えない。

教育学者の山本敏郎は、主体的・対話的で深い学びに向かう力に関する考察において、アクティブ・ラーニングをやれば子どもたちが能動的な学習主体になると受け取られているが、それは大きな誤解であるとし、つぎのように述べている。

「講義型＝暗記＝伝達」だとか、講義型以外のタイプなら被教育者が退屈せず、思考が活性化するという誤解をさっさと解かなければならない。講義型であっても、学習者のなかに考えるべき問いや解決すべき課題が生起する授業はいくらでもある。問題は講義型の授業なのではなく、問いや課題が生起しない授業なのである。求められるのは、能動的に見える授業ではなく、知的能動性が発

揮される授業である。（山本敏郎「『主体的・対話的で深い学びに向かう力』の向かう先」『教育』２０１８年2月号）

まさにその通りである。学生たちの声を聞いても、アクティブ・ラーニングとして何らかの活動やグループ討論をやったからといって、多くの学生が主体的に学んでいるわけでもないし、深い学びをしているわけでもない。

逆に、私は講義形式の授業にこだわっているが、そこで能動的・主体的な学びや深い学びを引き出すことは可能だと考える。

この章で、教務課で集計した私の授業評価における学生の声を参考に、日常生活で経験しがちな事例に関連づけつつわかりやすい解説をして、「わかる」を「楽しい」「おもしろい」につなげ、さらに学びたいという意欲を喚起することの大切さを指摘した。

ここでさらに強調したいのは、疑問や気づきに向けた刺激を与えること、そして自身の経験を意味づける視点の獲得に向けて物語性のある知識の提示の仕方を心がけることの大切さである。

私の講義に対する受講生による授業評価にみられる、つぎのような声には、講義のなかでも学生が能動的・主体的に学び、深い学びのきっかけを得ていることがうかがえる。


「テキストは読みやすいものの、意味やつながりが整理できていなかったので、講義を受けることでイメージをもつことができました」

「先生の実体験に基づいた話が面白く、テキストには活字しか書かれていないが、話を聞いて言葉の意味をよく、深く知ることができました」

「実例や根拠を合わせての説明がとても豊富で、日常生活や社会に心理学がどう関わり、いかに世間に溢れている情報が間違っているかを知ることができて、とても面白かったです」

「心理学という分野に非常に興味を持ちました。知れば知るほど、奥深くて、生活でも役立つと感じました。先生の授業は大変わかりやすくて、なぜそうなのか？

という疑問にも答えてくれるので、受けていて楽しかったです」

「心理学の用語に対してストーリーをつけているから頭の整理がしやすかった」

「講義の内容にストーリー性があり、メリハリのある大変理解しやすい授業でした」

「テキストを読んだとき、混乱したが、先生が心理学をストーリーを交えて教えてくださったので、理解が深まったように思える」

「とても興味深い内容で学びと気づきの多い授業でした。テキストの時点ではわかりにくく受講しましたが、授業は始めから終わりまで本当に楽しく学ぶことができました。また、この授業を受けたことで、心理学という分野にも興味が湧きました」

「先生の解釈を加えた説明や話で、さらに聞きたい、学びたいと思える内容でした。せっかく学ぶので深く学びたいと強く思いました」

「今回受講していなければ考えなかったことがたくさんありました。『生きてて良かった』と思いました。本当の『生き方』について学べました。『人』として『生きる』とは今まで考えずに過ごしていたこと、大変反省させられたこと、これからの人生へのヒントを少し頂けたこと、感謝の気持ちでいっぱいです」

私たちは、それぞれ自分の物語を生きている。それが、私が提唱してきた「自己物語の心理学」の大前提である（榎本博明『〈ほんとうの自分〉のつくり方――自己物語の心理学』講談社現代新書）。そこで私は、授業のなかでも受講者が自分の生きている世界をより深く理解できるように、ストーリー性を意識した講義展開を心がけている。

ストーリー性を意識することで、講義は非常にわかりやすいものになっていく。

ただし、私の場合は大学生が相手なので、講義の内容自体にストーリー性を持たせることを重視するわけだが、相手が小学生のように自己物語を自ら言語的に綴れる年齢でない場合は、別の形で、たとえばゲーム形式を取り入れるという形でストーリー性を用いるのも有効だろう。

小学校で算数を教えている川渕和美は、「にゃんじ」というハンドパペットを算数の授業で用い、「にゃんじ」が敵や困難に出会い、問題を解くことでそれをクリアしていくという設定を毎時間考え、プリントを作成し、授業を進めるようにしている。

そのように算数の授業にストーリー性を与えることによって、算数が苦手な子どもまでが算数の授業を楽しみにするようになったという（川渕和美「『わからない』から始まるぼうけん」『教育』2019年4月号）。

ストーリー性を持たせることは、対象がどのような年齢段階の学習者であっても、興味を引きつける条件になる。それは、私たちの人生というものがストーリー性によって成り立つものだからだろう。

知識や理解度によって求める楽しさは違う

これまでの考察を通して言えるのは、能動的に学ぶ姿勢を持つ者と持たない者では「楽しい」と思える授業の性質が異なるということである。

能動的に学ぶ意欲が乏しい者にとっては、遊びの要素が多く、漫談が多い授業が楽しいということになりがちである。一方、能動的に学ぶ意欲があり、知的好奇心が強く、知的満足が得られるものを吸収したいという気持ちのある者にとっては、わかりやすく、かつ知的刺激に満ちた授業が楽しいということになる。

もちろん能動的に学ぶ意欲のある学生にとっても遊びの要素は楽しいし、漫談はおもしろいだろうが、それが学びにつながっていないと満足には結びつかない。ただの遊び、とくに知的要素が感じられない漫談では、授業の意味が感じられないため、かえって不満を招くことになるだろう。

大学では学生による授業評価が行われているが、授業についてきている多くの学生は、身近な話で説明してくれるから授業はわかりやすかった、自分の生活を見直すきっかけになったというような内容のコメントとともに、「楽しかった」という感想になる。だが、授業にのめり込むことがなく、気が散っていた学生は、授業は難しくてよくわからなかったというようなコメントをする。内容を理解できないのだから、当然のことながら「楽しかった」という言葉は出てこない。わからなければ、楽しいどころか授業に出ていること自体が苦痛になるはずだ。

おそらく授業に集中する気持ちのない者にとっては、ただの遊びや漫談ばかりの方が「楽しい」ということになるのだろうが、それでは教育的な意味を失ってしまう。

授業というものが単なる余興でなく教育の場であることを考えたら、「わかる」を「楽しい」につなげていく方向が望ましい。そのためには理解力を高める必要があり、まずは知識を身につけることが大切なのではないか。

第3章　学力低下にどう対処すべきか

算数ができない大学生

アメリカの大学では、ＵＣＬＡのような優秀な学生の集まる名門大学でさえも、高校以下の学習内容が身についていないため、単位にならない補習的な授業を受ける学生も多い。

日本では、受験勉強によって一定の学力が保証され、そのような事態を免れていたが、推薦入試やＡＯ入試が増え、受験勉強をしないで大学に入る者が増えたり、受験競争が緩和されたりしたことにより、やはり高校以下の補習が必要な大学生が増えてきた。

そうした現状については、すでに第１章で指摘した。

今では、日本でも、特別難関の大学でない限り、中学・高校の数学の補習授業をやらなければ専門課程の勉強に入れないというようなことは、理系では当たり前のようになっている。

英語でも、中学の英語の授業で学ぶはずの文法や単語を知らない大学生も多く、

① $\frac{7}{8}-\frac{4}{5}$　　④ $3\times[5+(4-1)\times2]-5\times(6-4\div2)$

② $\frac{1}{6}+\frac{7}{5}$　　⑤ $2\div0.25$

③ $\frac{8}{9}-\frac{1}{5}-\frac{2}{3}$

大学の授業で中学の復習のようなことをやっていることも珍しいことではない。

今から20年ほど前の1999年、経済学者西村和雄らによる『分数ができない大学生――21世紀の日本が危ない』（東洋経済新報社）が話題となり、学力低下の問題の深刻さに世間の目が向けられることになった。西村たちによれば、小学校の算数の問題も解けない大学生が多いというのであった。

たとえば、1998年4月の19大学の新入生5000人に対して、数学学力調査が実施された。問題には、小学校で学ぶ上記の5問が含まれていた。

これらの計算は、本来なら全員ができて当然で、その学力調査が行われた年の20年以上前に大学を卒業した算数嫌いの文系の人でも全員が全問できていた（正解は、① $\frac{3}{40}$ ② $\frac{47}{30}$ ③ $\frac{1}{45}$ ④ 13 ⑤ 8）。

ところが、この学力調査では、できない大学生の人数は相当な数にのぼった。全問正解した学生の比率は、文系の国立大学Aで87パーセント、私立大学Bの数学受験ありで88パーセント、なしで78パーセント、私立大学Cの数学受験ありで77パーセント、なしでも77パーセント、私立大学Kでは全体で59パーセントとなった。

このような学力の調査結果により、分数ができない大学生が相当数いることが明らかになったのだった。

こうした傾向は今も変わらない。というより、筆記試験のいらない推薦入試やAO入試が、その後ますます積極的に導入されているため、むしろ悪化しているのではないか。

最近では、数学者芳沢光雄が『「%」が分からない大学生』（光文社新書）において、10年近く前から、さまざまな大学の教員から、「時間と距離と速さの問題で奇妙な間違いをする学生がいる」「比と割合の問題で信じられない間違いをする学生がいて困る」というような声を聞くようになったとしている。

芳沢自身も、学生から「『%』って何でしたっけ?」という質問を受けるようになったという。

大学生なのに小学校で習ったはずの分数や%(パーセント)がわからないと言うと、大学の現状を知らない人は、「そんなバカな!」と思うかもしれない。しかし、現場をよく知る者にとっては格別驚くことでもない。中学を受験する小学校6年生よりも算数や国語のできない大学生はかなりの比率になるのではないか。

私は、偏差値30台から70近い大学まで、20ほどの大学で授業をしてきたが、平均レベルの大学であっても、「こんなことも知らないのか」と驚かされることがよくあったため、今では何があっても驚かなくなった。

大学進学率が50パーセントを超えた今日、中学や高校で平均以下の成績の者でも大学に行くわけだから、中学や高校の学習内容を習得していない大学生が多いのも当然のことと言ってよいかもしれない。

しかも、推薦入試やAO入試がどんどん増え、受験勉強をせずに大学に入学する者も多いため、中学や高校で学んだことを復習する機会がないので、習ったはずの内容が定着していないのはやむを得ないのかもしれない。

さらに言えば、推薦入試やAO入試で重視される内申書の成績も、主体的に学ぶ姿勢を重視するようになった。そもそも母性原理が強く、みんな一緒に進級させてあげようとする日本では、父性原理の強い欧米のように、学力が低い生徒を容赦なく留年させるといった厳しく切り捨てる評価はしにくいので、内申書も学力を保証するものにはなりにくい。

そのため、就活の際に、面接はうまくいっても、基礎的な学力テストで落ちてしまう学生も少なくない。そこで、大学3年の後半から4年にかけて、本来は専門的な勉強をするはずの時期なのに、就職試験対策として、中学・高校の数学や英語の勉強をすることも珍しくはない。

大学生の学力低下という問題に対処するのであれば、たとえ筆記試験による受験をしない場合でも、受験勉強に相当する学びの機会の創出を考える必要がある。それと同時に、学力向上につながる成績評価の方法を考案することも大切だろう。

知識を軽視する教育の危うさ

　知識偏重の教育から脱すべきとする教育界の動きは、けっして勉強することを否定し、学ばない子どもたちを大量に生み出すことを意図したものではないはずだ。それは、知識の吸収に駆り立てずに考えさせる教育にしようという意図のもとに推進されたものであった。

　だが、すでに指摘してきたように、ものごとを深く考えるためには、さまざまな知識が不可欠である。知識が乏しい者と知識が豊富な者とでは、思考の質が違ってくる。その意味でも、知識を軽視する教育というのは、どこか見当違いな感じが拭えない。

　それに加えて、知識を軽視する風潮が、教育する側の意図しない弊害をもたらしてきた感がある。それは、知識偏重はよくないといった考えが世の中に広まったため、勉強をそんなにしなくてもいいのだとの思いが、中学生や高校生の間に広まったことである。その結果、勉強しない生徒が非常に多くなっている。

親が子どもにどのようなことを期待するかについて、国立女性教育会館が2004年から2005年度に行った「家庭教育に関する国際比較調査」によれば、子どもが「学校でよい成績をとる」ことを「強く期待する」という親の比率は、アメリカ72・3パーセント、フランス70・1パーセント、スウェーデン45・9パーセント、タイ28・9パーセント、韓国21・5パーセントと比べて、日本は11・9パーセントと著しく低くなっている。

全国高等学校PTA連合会が実施した「平成26年度 全国高校生 生活・意識調査」の報告書によれば、塾での勉強時間も含めて、学校から帰宅後に1日どれくらい学習するかに関して、「まったくしない」という生徒が男子では30パーセント、女子では25パーセントとなっていた。そして、男女とも「30分以下」と「約1時間」を合わせてほぼ半数だった。

また、文部科学省が2019年に発表した「第17回 21世紀出生児縦断調査（平成13年出生児）」において、高校2年生に「休日における学校外での勉強時間」について尋ねているが、それを見ても「勉強はしない」という生徒が29・9パーセントで、これまでで最高の数値となっている。

ただし、「2時間以上」という生徒も31・3パーセントおり、受験に向けて真剣に勉強している生徒とまったく勉強しない生徒が3割ずついるという感じになっている。ゆえに、知識偏重はよくないからと勉強しない生徒ばかりになっているというわけではなく、いわゆる二極化していることになる。

国立青少年教育振興機構が2016年に実施した「高校生の勉強と生活に関する意識調査」では、日本・アメリカ・中国・韓国の4カ国の比較を行っている。

その結果を見ると、「参考書をたくさん読む」という生徒の比率は、アメリカ14・0パーセント、中国50・3パーセント、韓国24・4パーセントに対して、日本は10・4パーセントと著しく低い。

「平日に学校の宿題をする時間」については、「しない」という生徒が、アメリカ5・1パーセント、中国2・2パーセント、韓国8・4パーセントと1桁なのに対して、日本は11・2パーセントと2桁になっている。逆に、「2時間以上」という生徒の比率は、アメリカ39・6パーセント、中国55・0パーセント、韓国13・1パーセントとなっており、日本は10・8パーセントと韓国と並んで著しく低い。

「平日に学校の授業と宿題以外に、どのくらい勉強するか」については、「しない」という生徒の比率が、アメリカ17・7パーセント、中国7・6パーセント、韓国9・8パーセントに対して、日本は24・2パーセントと非常に高い。ただし、日本では「2時間以上」という生徒も24・9パーセントいるので、ここでも二極化がみられる。

「予習、復習をする」という生徒の比率も、アメリカ27・7パーセント、中国32・3パーセント、韓国14・8パーセントと比べて、日本は12・1パーセントともっとも低い。

ただし、「今の学校生活が楽しいか」という質問に関しては、「とても楽しい」という生徒の比率が、アメリカ15・1パーセント、中国16・3パーセント、韓国16・0パーセントと比べて、日本は26・4パーセントと著しく高くなっている。

日本青少年研究所が2009年に実施した「高校生の勉強に関する調査——日本・アメリカ・中国・韓国の比較」では、「学校生活で大切なこと」を尋ねている。

その回答を見ると、アメリカや中国では「先生の指導に従うこと」「受験科目を重点的に学習すること」の比率が高いのに対して、日本では「部活動に熱中すること」「友だちに好かれること」の比率が高い。つまり、日本の高校生は、高校を勉強する場とみなすよりも、部活や友人関係を楽しむ場ととらえているのである。そうした意識を反映するかのように、日本の高校生は、宿題をする時間も、その他の勉強をする時間も、４カ国中もっとも少ない。

「勉強へのプレッシャー」に関しても尋ねているが、アメリカでは親の期待、それに次いで先生の期待が大きく、中国では親の期待が大きいが、日本では親の期待も先生の期待も、さらに競争もあまり感じていないことがわかった。

「成績に対する親の態度」に関しても、子どもの成績に対する父親の関心が日本は際だって低く、母親の関心も日本がもっとも低かった。

これらのデータを見ても、日本の高校生の特徴として、他の国々よりも勉強をしない傾向が著しく、その代わりに学校生活が楽しいと感じる傾向がみられることは明らかである。

その背景として、親も教師も子どもが勉強すべきであるといった期待を強く持っていないことがあり、そこにも知識偏重の教育から脱すべきといった風潮が影響しているように思われる。

ゆえに、第1章で考察したように、「授業が楽しい」ということの意味を考え直す必要があるのではないだろうか。

読解力低下の危機、ふたたび

学力の国際比較をする際によく参照されるのが、経済協力開発機構(OECD)が2000年から3年ごとに各国の15歳(日本では高校1年生)を対象に実施している学習到達度調査「PISA」である。

PISAでは、わかりやすく言えば、数学、科学、読解力の3つの能力をテストを用いて測っている。最新の結果として、2019年12月3日に2018年のデータが公表された。日本は、数学(6位)と科学(5位)はこれまで同様に世界のトップ水準を維持したが、読解力は前回の8位から15位に大きく順位を落とした。それにより、日本の子どもたちの読解力の低下の危機が改めて認識されることとなった。

じつは、読解力に関しては、２０００年の8位から２００３年に14位と大きく順位を落とし、教育界に衝撃が走り、それがゆとり教育の見直しにつながっていった。

苅谷剛彦は、そのあたりの事情について、つぎのように述べている。

１９９８年、「ゆとり教育」が全面開花する学習指導要領が改訂された。改革の前提として文部省や審議会は「子どもたちが学び過ぎている」と考えていたが、実態を調べていなかった。

私たちの調査結果は、その前提を突き崩すものだった。高校生の学習時間を調べると、97年は79年より明らかに短くなり、学び過ぎどころか、学ばなくなっていた。（朝日新聞２０１８年3月20日付）

その後、読解力の成績は向上し、２００９年８位、２０１２年４位、２０１５年８位というように、世界のトップ水準を維持していた。

だが、ここにきてふたたび読解力の低下が明らかになったのである。

これにはスマートフォンの普及と機能の飛躍的な発達により、読書離れが急速に進んでいることも無関係ではないだろう。

先に指摘したように、全国大学生活協同組合連合会が毎年全国の国公私立30大学の学生を対象に実施している学生生活実態調査によれば、読書しない学生の比率がこのところ急激に高まっている。

１日の読書時間が０（ゼロ）、つまり読書をまったくしないという学生の比率は、２０１２年までは30パーセント台半ばで推移していたが、２０１３年以降高まり続け、ついに２０１７年に53・１パーセントと過半数に達した。２０１８年は48・０パーセントと多少低下したとはいうものの、半数ほどの学生が読書時間０（ゼロ）となっている。

読書をしない大学生たちは、大学に入学してから急に本を読まなくなるというわけではない。中学生や高校生の頃から読書をする習慣がなかったものと考えられる。それが読解力の低さにつながっているのではないか。

ＰＩＳＡで出題された読解力の問題の一部が公表されている。それについて見てみよう。

本文は省略するが、書評の体裁を取る本文のなかから、以下の５つの文をそのまま抜き出して、それぞれの文が「事実」であるか「意見」であるかを問う問題となっている。

①　本書には、自らの選択とそれが環境に与えた影響によって崩壊したいくつかの文明について書かれている。

②　中でも最も気がかりな例が、ラパヌイ族である。

③　彼らは有名なモアイ像を彫り、身近にあった天然資源を使ってその巨大なモアイ像を島のあちこちに運んでいた。

④　１７２２年にヨーロッパ人が初めてラパヌイ島に上陸した時、モアイ像は残っ

ていたが、森は消滅していた。

⑤　本書は内容がよくまとまっており、環境問題を心配する方にはぜひ読んでいただきたい一冊である。

答えは、①③④が「事実」、②⑤が「意見」である。

これがすべてできて正解とするが、正答率は日本が44・5パーセント、OECD平均が47・4パーセントであり、日本の正答率はOECD平均より低かった。それだけではなく、いずれにしても半数以上が間違えているのである。

本文からそのまま抜き出された文なので、内容が正しいかどうかをじっくり検討する必要はない。ただ、その文が「事実」を記したものなのか、それとも「意見」を記したものなのかを判断すればよいだけである。それにもかかわらず、高校1年生の半数以上ができないのである。

これは、まさに読解力の危機と言わざるを得ない。

教科書が読めない中学生

人工知能プロジェクト「ロボットは東大に入れるか」を進めてきた国立情報学研究所の新井紀子は、２０１６年に「東ロボくん」の東大合格を断念した。「東ロボくん」は、高校３年生の上位２割に入る実力があり、２０１６年にはついに関東ならＭＡＲＣＨ（明治、青山学院、立教、中央、法政）、関西なら関関同立（関西、関西学院、同志社、立命館）と呼ばれる難関私立大学に合格する可能性が80パーセント以上と判定された。でも、東京大学には及ばず、今後も無理だろうという（朝日新聞２０１６年11月25日付）。

そこには、記述式の問題が重視されていることが大きくかかわっていると考えられる。つまり、人工知能は文章の読解が苦手なのだ。

「東ロボくん」を5年間にわたって育ててきた新井は、人工知能にできることと、できないことがあるとわかったという。つまり、人工知能は、膨大なデータを覚え、傾向をとらえるのは得意なのだが、意味がわからないのだ。

それにもかかわらず、8割の高校生が、文章の意味を理解できない「東ロボくん」の成績に及ばないのはなぜか――。

その疑問を解くために読解力についての学力調査をしたところ、今の中学生の約2割は教科書の文章の主語と目的語が何かという基礎的な読解ができておらず、約5割は教科書の内容を読み取れていないということが判明したのだ（朝日新聞2016年11月9日付）。

教科書に書かれている文章の意味がわからないのでは、勉強ができるようになるわけがない。しかも中学生の5割が教科書の内容を理解できない、つまり日本語の読解力がないのだ。文章の読解が苦手なのは人工知能だけではなかったのである。

人工知能は、暗記ものは得意でも、問題の意味をきちんと理解しないと答えられないような問題が解けない。それなのに、高校3年生の8割よりも高得点が取れる。しかも、中学生の5割が教科書の内容を理解するだけの日本語の読解力がない。そのため勉強についていけず、試験もできないというのだ。

読解力の乏しい子どもたちが、それほど多いのは衝撃的なことである。日本人なのだから日本語で書かれた文章は当然理解できているだろうと思ったら、じつは多くの中学生や高校生は理解できていなかったのだ。

新井たちが中高生を対象に実施した「基礎的読解力」調査の問題のいくつかと、その正答率を見てみよう。今の子どもたちの読解力が、いかに危機的な状況にあるかがわかると思う（以下、新井紀子『ＡＩ vs. 教科書が読めない子どもたち』東洋経済新報社より）。

〔問題〕
仏教は東南アジア、東アジアに、キリスト教はヨーロッパ、南北アメリカ、オセアニアに、イスラム教は北アフリカ、西アジア、中央アジア、東南アジアにおもに広がっている。

この文脈において、以下の文中の空欄にあてはまる最も適当なものを選択肢のうちから1つ選びなさい。

オセアニアに広がっているのは（　　）である。

①ヒンドゥー教　②キリスト教　③イスラム教　④仏教

正解は②のキリスト教だということは容易にわかるはずなのだが、正答率は中学生で62パーセント、高校生で72パーセントだった。中学生の4割近く、高校生の3割近くが読み取れなかったのである。

〔問題〕

Alex は男性にも女性にも使われる名前で、女性の名 Alexandra の愛称であるが、男性の名 Alexander の愛称でもある。

この文脈において、以下の文中の空欄にあてはまる最も適当なものを選択肢のうちから１つ選びなさい。

Alexandra の愛称は（　　）である。

①Alex　②Alexander　③男性　④女性

正解は①の Alex である。これも容易にわかりそうなものだが、正答率は中学生で38パーセント、高校生で65パーセントだった。高校生でも３人に１人が読み取れず、中学生に至っては６割以上が読み取れなかったのである。

〔問題〕

幕府は、１６３９年、ポルトガル人を追放し、大名には沿岸の警備を命じた。

右記の文が表す内容と以下の文が表す内容は同じか。「同じである」「異なる」のうちから答えなさい。

1639年、ポルトガル人は追放され、幕府は大名から沿岸の警備を命じられた。

正解は「異なる」である。これも容易にわかると思われる問題だが、正答率は中学生で57パーセント、高校生で71パーセントだった。中学生の4割以上、高校生の3割近くが読み取れなかったのである。

これらの問題とその正答率を見れば、今の中高生の読解力がいかに低いかは明らかだろう。

日本語の意味がわからない大学生

中学・高校時代にこの程度の読解問題が解けない者が、大学に進学したからといって突然読解力が高まるわけがない。受験が終わったこと、さらには日本の大学の甘い単位認定の実態を考えると、むしろ読解力はさらに低下する可能性はあっても、向上することはないのではないか。

私は、底辺校と呼ばれる大学から最難関に近い大学まで、20ほどの大学で授業を担当してきたが、とくに優秀な学生が集まる大学以外では、授業内容がまったく理解できない学生がかなりいることを痛感した。それも、教室の後ろでやる気なさそうにしている学生ばかりでなく、前の方で熱心に聴講し、必死にノートを取っている学生が、なぜか試験ができず、レポートでもやや的外れなことを書いていたりするのである。

熱心に聴講している学生が授業内容を理解していないとなると、それはかなり深刻な事態が進行していると懸念せざるを得ない。

つまり、読解力の低下の深刻さを考えると、日本語での講義も、まるで外国語で行われているかのように理解できずにいる学生が少なくないのではないか、ということである。

前項で紹介したような読解問題ができないとなると、まず教科書を読んでも内容を理解できない。ゆえに、熱心に予習をする学生であったとしても、内容を読み取れない。さらには、講義を聴いても、教員の話す言葉もしっかり理解できないだろう。文章を繰り返しじっくり読んでも理解できないのに、話を聞いて理解できるとは思えない。

授業内容の理解を促すべく、補足資料を配付することもあるが、文章の読解ができないのだから、資料の意味は理解できない。教員が資料の解説をしても、その言葉も十分には理解できない。

第2章で「わかる」が「楽しい」につながるとしたが、読解力不足ゆえに教科書も読み取れず、教員の話も理解できず、補足資料の意味もよくわからないなら、楽しい授業になるはずがない。

楽しい授業を増やすためには、授業内容の工夫も大事だが、生徒・学生の読解力を向上させることが欠かせない。

心理学の領域では、心理検査やアンケート調査を行ったりするが、最近は質問項目を理解できない学生が多いと嘆く教員が少なくない。そうなると、質問に答える際に、何を尋ねられているのかよくわからずに答えている可能性があるわけで、その結果に信憑性《しんぴょうせい》があるかどうかも疑問である。

さらには、自己分析に役立つ心理検査をやらせることがあるが、かつては回答をした後に、各自が採点の手引を読んで自己採点していた。だが、最近は手引を読んでもわからないようで、採点の仕方を質問してきたり、見当外れな採点をしたりする学生が目立つようになった。

当たり前のように理解されていた平易な説明文さえ、今は、その意味を読み取ることができない学生が出てきているのである。

実用文中心の国語教育の先には……

2019年1月、日本文藝家協会により、「高校・大学接続『国語』改革についての声明」が出された。

これは、2022年度から施行される新学習指導要領による国語科の大幅な改訂に対する危機感の表明である。

簡単に説明すると、「大学入試および高等学校指導要領の『国語』改革」において、高校で文学の勉強をせずに、もっぱら実用文に重きを置いた教育をすることになったのである。

日本文藝家協会の出久根達郎理事長は、

文科省は本気でそのような教科書を作るようなので、今のうちに大きな反対ののろしをあげなければいけないと思う。駐車場の契約書などの実用文が正しく読める教育が必要で文学は無駄であるという考えのようだ。（文藝家協会ニュース2019年1月号）

と懸念を示し、「まだマスコミでも大きくは取り上げておらず、一般には周知されていないと思われるが、文部科学省の方針に大反対をしていこうと考えている」としている。

この声明が出されてからすでに1年以上が経過したが、このような改革については、未だにメディアでほとんど取り上げられることがなく、多くの国民は何も知らないのではないか。

国語の授業で実用文の学習に重きを置くといっても、具体的にどういうことなのかわからないかもしれないので、もう少し説明しておきたい。

2021年度（2021年1月実施予定）から「大学入学共通テスト」が実施され、それに合わせて高校の国語の改革も行われることになった。そして、この新しい大学入学共通テストのモデル問題が2017年に示された。

そこでは、国語に関しては、生徒会の規約、自治体の広報、駐車場の契約書が問題文として出題されたのである。たとえば、架空の高校の生徒会規約を生徒たちが話し合う会話文を読ませるような問題が出題された。これには教育現場にいる教員たちから驚きの声が上がった。

2022年度からは、このような問題を解けるようにするための国語の授業を高校で行うようになるわけである。

これまで指導要領をいじっても高校も教科書会社も動かなかったため、大学入試を変えることで、高校の授業や教科書を無理やり変えざるを得なくするというわけである。

こうした動きに関して、日本文藝家協会による「高校・大学接続『国語』改革についての声明」では、つぎのように懸念が表明されている。

あたかも実用文を読み、情報処理の正確さ、速さを競うための設問といった印象も受けます。この点に関しても、複数の識者たちから疑問の声が出されています。

このように、とくに高校と大学と接続した教育現場でこの数年で起きることはおそらく戦後最大といってもいい大改革であり、日本の将来にとって大変に重要な問題をはらんだ喫緊の課題です。（文藝家協会ニュース2019年1月号）

実用文中心の教科書が作成され、実用文のなかには文学者が書いた日記、書簡、評論は入れてはいけないことになっている。国語の教科書から文学が消え、生徒たちは実用文を中心に学ぶことになる（形式上、文学を含む教科書も残るが、現実には入試対策の必要上、その教科書を採用する学校は少なくなることが推測される）。

これに関して、作家の三田誠広は、ある会議において、学力問題と絡めながら、つぎのように懸念を示している。

（前略）大学入試の共通試験の問題例が出た。駐車場の契約書、レポート、統計グラフ、取扱説明書が読めるようになることが、文部科学省が考えている国語力だ。（文藝家協会ニュース２０１８年11月号　以下同紙）

小説を読むと地頭がよくなると、進学校はみなわかっている。私立の進学校は大量の読書をさせて、議論をさせる。ところが文部科学省が考えているのは中から下、二人に一人が大学に進学する時代になり、簡単なレポートも書けない大学生がいるので、ちゃんと実用的な論理国語を学ばせる方針だ。

作家の中沢けいも、学力に結びつけて、つぎのように疑問を投げかけている。

（前略）高等教育を受けるものにそんなものを教育するのはいかがかと思うが。

私の学生を見ても、私立出身者の大量の読書量は唖然茫然たるものだ。語弊はあるが、地方の進学校出身者は受験教育しか受けていない。この間の学力差はすごい。この新しい指導要領が始まったら、学力格差はもっと大きくなるだろう。（同紙）

国語の授業で、駐車場の契約書や会議の議事録の読み方、商品の取扱説明書の読み方を学ぶ——。そんな時代がやってくるとは思いもしなかったが、2022年度から現実にそうなることになっている。

今の中学生や高校生、あるいは大学生の読解力が悲惨な状況にあり、かつてなら、容易に読めたであろう簡単な説明文の理解ができない者があまりに多いことはすでに説明した。だから実用文を学ばせるのだろうが、それはわざわざ中学や高校の授業でやるべきことなのだろうか。

三田や中沢も指摘するように、進学校の生徒たちは本をよく読み、読解力を身につけているため、実用文の勉強など改めてやる必要はないし、新しい学習指導要領に切り替わっても、私立学校の国語の授業や自分自身の趣味あるいは学習として小説も評論も積極的に読むだろう。

一方で、もともと本を読まず、読解力の乏しい生徒たちは、国語の授業で実用文の読み方を学ぶようになる。教科書にさえ文学が出てこないのだから、このような人物は、小説にも評論にも生涯触れることのない人生を送ることになるのだろう。

これにより、文学や評論に親しむ教養人と実用文しか読まない非教養人の二極化が進むに違いない。知的階層形成を公教育においても進めていこうとする政策に、平等な扱いを好む日本国民は果たして納得できるのだろうか。

読書に没頭する孤独な時間が読解力を養う

読解力を養うには、本を読む習慣を身につけるのが一番である。そのきっかけとなるのが国語の授業だった。

それまで友だちと遊び回るばかりの毎日を送ってきた子が、国語の授業で教科書に出てきた小説や評論、詩や短歌に触れる。そして、本っておもしろいのかもしれないと思って、図書館で本を借りて読んでみる。あるいは、本屋さんで気になった本を親に買ってもらう。そうしたことがよくあったのではないか。

教科書に出ていなかったら文学作品に触れることもなかっただろう、という人も少なくない。

だが、これからは国語の授業で文学作品に触れることができない生徒が多くなる。そのことも大いに問題だが、すでに今、学校で、文章に没頭することをさせない授業が盛んに行われているのも問題である。

中学の国語の授業風景について、三田はつぎのように指摘している。

（前略）中学校の国語の授業は昔と全然違う。先生が何か問題を提起したら、五、六人で一つの班を作り、机を向かい合わせにして問題についてみんなで討議したあと、班ごとに発表する双方向の授業が徹底されている。先生が知識を伝える授業はしていない。大学も文部科学省から「学生にしゃべらせろ」と、すごい圧力がかかり、双方向授業でディベート力を培わなければならない。（文藝家協会ニュース2019年3月号）

すでに第2章で指摘したことだが、しゃべることが能動的な学びにつながるといったおかしな発想が、今の教育界には蔓延している。

私の子ども時代から、班に分かれて机をくっつける授業はよく行われていた。だが、話し合いの時間はほんの少しで、大部分は、言葉を発することなく、頭のなかで思考力や想像力を駆使する知的格闘の時間になっていた。

教員の解説を聞きながら、教科書の文章をじっと眺め、ああだこうだと想像をめぐらし、文章の理解を深めていく。姿勢が悪いまま想像の世界に没頭しすぎて、椅子ごと後ろに倒れることもあった。そんな国語の時間が、私は大好きだった。

だが、そうした内面の世界にどっぷりと浸かることができる豊かな時間が、国語の授業から奪われつつあるのだ。

たえず仲間を意識し、読解力の乏しい仲間の見当外れな意見を聞かされていたら、集中力は途切れ、想像力を十分働かせる意欲も湧かず、非常に表面的な活動に終わってしまうだろう。そこには、議論に勝つ－負けるといったゲーム感覚の遊びはあっても、深い学びはない。

文部科学省中央教育審議会の教育課程部会では、実用的な文章を学ぶことで読解力を向上させようという方向が目指されているようだが、「今の国語の授業は意見を発表することに焦点が当たっているが、言葉を意識しながら文字をしっかり読む時間が減ってしまっている」として、従来の読解力を重視する委員もいたという（朝日新聞２０１９年12月23日）。

自分の意見を発表するような授業が横行し、授業中に文章をじっくり読むことがないため、知識や教養の蓄積がない。そのような教育が行われているのだから、読解力が高まるはずがない。

私の授業でも、熱心に聴講している学生のなかに、本を読まず、読解力の乏しい学生がけっこういて、そのような学生は、教科書を読んでも授業を聞いても話を十分に理解できず、授業後のレポートに見当違いなことを書いてきたりする。それについてはすでに述べた。

このような学生に意見を発表させたり、お互いに議論させたりする授業にどのような意味があるのだろうか。課題の文章や資料の意味をきちんと読み取れず、思い込みだらけの稚拙な意見をお互いに述べて、討論する。それで読解力が向上するとでもいうのだろうか――。

アクティブ・ラーニングという名のもと、意見を述べたり討論したりする授業が増えているのであれば、せめて思考の基盤となる言語能力や想像力を培うための国語の時間くらいは、自分の世界に浸りながら、想像力を飛翔させる場にしてほしい。

静かに文章に没頭し、想像力を飛翔させ、思考を深めるような、孤独な時間を自ら持とうとする人間になれるように、読解のための基礎を習得させる授業であってほしいものだ。

薄っぺらい自己主張より思慮深さの方が大切

欧米コンプレックスのせいなのか、何かとアメリカ流を取り入れようとする日本の教育政策だが、前項で国語の授業に関して指摘したように、どの授業でも意見の発表や討論を重視し、プレゼンテーション・スキルばかりを磨かせようとしている。

その結果、薄っぺらいのに自信満々な人間が量産されていく。

ものごとをより複眼的にとらえるべく、まだまだ多くの知識や視点を取り入れ、さまざまな経験を積んでいかねばならないときに、単細胞な頭でまとめた意見を効果的にプレゼンテーションするスキルを磨くのに授業時間を費やす——。それでいいのだろうか。深い学びを目指しているのではなかったのか。

欧米人のように堂々とプレゼンテーションができるのは素晴らしい、自分もあんなふうに堂々とできるようになりたい。そんなふうに思うコンプレックスの強い人間が多いということだろう。

私などは、自信満々にプレゼンテーションしている人の姿を見ると、中身の乏しさを表現力で必死にカバーしようとしているようで、薄っぺらさを感じてしまうことが多い。中身が充実しているなら、もっと自然体で話せばいいのにと思ってしまう。

そんなとき、劣等コンプレックスを軸に据えた心理学を打ち立てたアドラーによる、つぎのような言葉を思い出す。

例えば、われわれが、もし誰か傲慢な人を見るならば、われわれは、彼が、「他の人々は私を見下しがちだ。私は自分が大した者なのだということを見せねばならぬ」と感じていると推測できる。もし、われわれが、話すときにジェスチャーたっぷりな人を見るならば、われわれは、彼が、「私の言葉は、もし私がそれらを強調しないなら、何の重みも持たないだろう」と感じているのだと推測しうる。自分が他者に対して優越しているかのように振舞うすべての人の背後には、隠そうという特別な努力を要求するような劣等感がうかがわれる。それは、あたかも、背が低すぎると恐れている人が、自分を大きく見せるため

に爪先立って歩くようなものである。（A・アドラー　高尾利数訳『人生の意味の心理学』春秋社）

中身が充実していれば、表面的なテクニックを磨かなくても、ふつうに話すだけで説得力がある。その方が好感が持てるし、信頼もできる。

教育を受ける段階では、中身を充実させることに力を入れるべきではないのか。それとも、見かけ上の表面的なテクニックで説得されるような、いわば読解力の乏しい人々ばかりの社会になってしまったから、もはや表面的なテクニックを学ぶだけで足りるとでもいうのだろうか。

やたら討論を授業に取り入れようとする動きにも、懸念を抱かざるを得ない。アメリカの授業ではしきりに討論をする。だから日本の授業でももっと討論を取り入れるべきだということなのだろうが、それは文化的背景を無視した愚かな発想ではないだろうか。

日本人の吸収力は何に由来するのか。それは、人の話にじっと耳を傾ける姿勢によるところが大きい。

自分と違う考えに対してすぐに反論するような文化では、複眼的思考の習慣は身につかないだろう。自分の視点からしかものごとをとらえることができないため、すぐに議論になる。そのため争い事が絶えず、訴訟社会になっている。自分の視点を絶対化して相手をやりこめないと生きていけない文化と、お互いに相手の視点に想像力を働かせながら協調しようとする文化とでは、学び方も違って当然だろう。

私自身、学生の頃、自分の意見が絶対に正しいと信じ込んでいるかのように自信たっぷりに自己主張する人物を見ると、「何であんなふうに自分の考えが絶対に正しいと思えるんだろう。相当におめでたい頭の構造をしてるんだなぁ」と、呆れたものだった。そのような人物は、他の人の意見を吸収する姿勢がなく、自分の考えにやたら執着する傾向がある。

なぜ、そこまで自分の意見を信じられるのかと言えば、「自分とは違う視点があるかもしれない」「視点が違えばものごとの見え方も違っているはず」「もっと別の視点からも検討できるようにしないと」というように謙虚に学ぶ姿勢が欠けているからだろう。

視野の狭い人物ほどものごとを断言できる。認知的複雑性が低いから断言できてしまうのだ。ものごとを複眼的に見ることができるなら、まだ人生経験も浅く、知識も教養も乏しい未熟な自分の考えなどに自信が持てるわけがない。

その自信のなさが、もっと学ばなければといった思いに人を駆り立てる。自信のなさが思索を深める動因になる。

そもそも日本とアメリカでは、人々の話す言葉が違うだけでなく、コミュニケーションの様式も異なる。

まずは相手の意見をよく聞こうという文化では、傾聴と相互理解が大切になる。だが、とにかく自分の意見を積極的に主張しようという文化では、相手を説得することが大切となる。

後者では自己主張や討論のスキルが重視されるのは当然だが、前者の文化圏でそれを真似る必要があるだろうか。薄っぺらい自己主張より思慮深さが日本文化の特徴だったのではないのか——。

心の発達に関する日米比較研究を行った心理学者東洋は、アメリカの心理学者マーカスから、「アメリカ人は人の話を聞くときに頭のなかを自分の考えでいっぱいにして聞くが、日本人はブランクな空間をつくって聞く」と言われたという。

つまりアメリカ人は入ってくる意見に常に自分の意見を対置して、いわばいつも「イエス」「ノー」とチェックする態度で聞くのに対し、日本人の聞き方はそういう「門番」を置かず、とにかくそのまま頭のブランクの部分に取り込み、それから後で頭の別の所にしまってある自分の意見と照らし合わせるというのである。（東洋『日本人のしつけと教育』東京大学出版会）

グローバル化の時代だからとよく言われるが、異文化に合わせて公教育まで変えるのがグローバル化なのか。ほんのちっぽけなアメリカもどきの国になってしまったら、そんな国に何の魅力も存在意義も見当たらないだろう。

大学教育についてではあるが、アメリカやイギリスの大学と日本の大学を比較検討している苅谷は、日本の現状について、つぎのように指摘している。

日本ではしばしば、高校までの教育は「正しい解答」を求める学習が中心となる。大学では「正しい答え」はないことを前提に、自分なりの問いと答えを見つけ出すのが大事だといわれる。高校までの正答主義の毒気を取り去るという意味では意味のある物言いである。しかし、それが行き過ぎると、それぞれの個性や体験に応じて「自分の考えや意見」を表現できればいいというところで止まってしまう。学問が積み上げてきた既存の知識を正しく身につけ、それを用いてより正しい答えに到達するための技を身につけるところまで行かなければ、学問に参加したことにはならない。

大学が「体験学習の場」に留まるのであれば、正答主義を取り去るだけで十分なのかもしれない。（中略）だが、さらに一歩進んで大学が「学問する」ところだとすれば、既存の知識を正しく使って、より正しい答えを導き出す方法を身につけるのが大学での学習になるはずである。（苅谷剛彦『イギリスの大学・ニッポンの大学』中公新書ラクレ）

すでに述べたように、自己主張力や説得力を身につけないと生き抜いていけない欧米社会と、謙虚さや協調性を身につけないと受け入れてもらえない日本社会では、コミュニケーションの型が異なり、教育によって身につけていくべき性質や能力も異なっている。

それにもかかわらず、アメリカの教育法をやたらと取り入れる今の日本の教育界は、何か大きな勘違いによって動いているように思われてならない。

さらに、右の苅谷の指摘のように、自分の意見を述べる訓練ばかりをするようになっていく近頃の日本の教育の実態。それは、大学だけでなく、これまでにも見てきたように、中学や高校でもみられる動きである。

明らかに知識不足なのに、自分の意見を発信する訓練に力を入れ、吸収が疎かになっている。「正答主義」からの脱却といって、何の知識の根拠もなしに自分勝手なことを言う訓練をする教育が横行している。「知識偏重からの脱却」といって、知識の吸収をないがしろにする教育が行われている。それは、けっして好ましい傾向とは言い難い。

こうした現状の問題点をきちんと認識することが、学力低下を防ぐための第一歩となるだろう。そうでないと、学力低下を防ぐことができないどころか、ますます中身の薄っぺらい人間を生み出すことになってしまいかねない。

第4章　楽しいことしかやりたくない！

だれだって、好きなことだけしていたい

好きなことをしていると楽しい。それは当然だ。好きでないことをするより、好きなことをする方が楽しい。だれだってそうだろう。

だから、好きなことなら頑張れる。好きでないことのために頑張るより、好きなことのために頑張る方が、できそうな気がする。それも、たしかにそうかもしれない。

でも、好きでないことは頑張れない、ということでいいのだろうか。

「部活のサッカーは好きだから、朝練があっても頑張って起きられるし、練習がきついと感じることがあっても何とか頑張れる。だけど、勉強は好きじゃないから、予習や復習をする気がしないし、宿題をするのさえ面倒くさくてしょっちゅうサボる。中学・高校の頃からずっとそうだった。勉強も頑張らなくちゃって思うのだけど、なかなか難しい。だって、好きじゃないから」

このように言う学生がいた。サッカーは好きだから頑張れるけど、勉強は好きじゃないから頑張れない。それなら勉強を好きになればいいと言うかもしれないが、突然、勉強を好きになるということが、そう簡単に起こるわけはない。でも、勉強を頑張っているうちに、わかるようになってくれば、いつか好きになるかもしれない……。

好きなことしか頑張れないということだと、仕事に就いてからも職業生活に適応することが難しいだろう。

そもそも、はじめから「好き」と思える仕事に就けることは滅多にない。サッカーが好きだからといって、サッカーに関係する仕事に就ける人間はほんの一握りである。サッカーと関係ない仕事に就いたとしても、生きていくためには、その仕事を頑張ってやっていかねばならない。

おしゃれが好きで、とくに化粧品に関心があったため、化粧品関係の仕事に運良く就けたという人でも、化粧品業界の仕事にもいろいろあり、「好き」と思える仕事をやれるとは限らない。思っていたのとまったく違う仕事をやらされ、辛い日々が続くこともあるだろう。それでも食っていくためには頑張って仕事をするしかない。

そう考えると、学校教育の場で、「好きなことをやろう」「好きなことなら頑張れる」というようなことを言いすぎるのはよくないのではないか。だが、現状は、そのような言葉を生徒・学生に吹き込む風潮がある。

それが、社会に出てからの生きづらさにつながっているように思えてならない。社会適応を促すことも教育の目的のひとつであるなら、「好きなことでなくても、必要なときに頑張れる」心を育てることが大切なのではないだろうか。

キャリアデザイン教育への疑問

かつてはキャリア教育などなかったが、今では当たり前のようにどの大学でも行われている。それは、フリーターやニートの増加、就職しても3年以内に辞める早期離職の増加など、就職先に定着できない若者の増加が深刻な社会問題になってきたことによる。

そうした問題への対策として、文部科学省は大学設置基準の改正に乗り出した。大学は生涯を通じた持続的な就業力の育成を目指し、教育課程の内外において社会的・職業的な自立に向けた指導に取り組むことが必要だとして、そのための体制を整えることを義務づける新たな大学設置基準が2010年2月に公布され、2011年4月より施行された。これにより、すべての大学生がキャリア教育を受けることになった。

ただし、このような動きを察知して、新たな設置基準が公布される数年前から、多くの大学ではキャリア教育が行われるようになっていた。

キャリア教育には、授業だけでなく、キャリアセンターによる就活サポートなど授業外で行われるものもある。

授業におけるキャリア教育の中心となっているのが、「好きなこと探し」を軸にしたキャリアデザイン教育である。

キャリアデザイン教育に関しては、私はその弊害を唱え、警鐘を鳴らしてきた。

作家の塩野七生は、出身校の高校生たちとの対話のなかで、若い頃に何をやりたかったかを尋ねられて、「大学生のときに自分がやりたいことなんてわかるわけがない。わからない方が健全だ」と答えている。

さらには、自分はどの山に登ろうかなど全然考えない、何かの山に登るとまた別の山が見えてくる、今の日本の弱いところは先を読まないと前に進めないところではないかと述べている。

先がますます読みにくくなる時代に、将来のキャリアをデザインすることに、果たして意味があるのだろうか。

仕事を取り巻く状況が目まぐるしく変わっていく。将来のキャリアをデザインするために予測式に放り込んだ変数が、すぐに通用しなくなる……。そうであれば、今ここで、将来のキャリアをデザインすることに意味などないと言っても過言ではないだろう。

キャリア心理学の新たな方向性

キャリア形成の心理面についての検討を行うキャリア心理学の世界でも、「人生は予測できない、キャリアは思いがけない出来事に左右される」という現実に立脚すべきだという立場を取る理論が台頭してきている。

クランボルツの「計画された偶発性理論」、ジェラットの積極的不確実性という考え方、ブライトとプライヤーのキャリアのカオス理論など、キャリア心理学者たちの新しい理論では、私たちのキャリアは偶然の出来事によって大きく左右されるという前提に立ち、将来の予測に基づいて行動計画を立てようとするよりも、偶然を自分のために活かすにはどうしたらよいかに力点を置くべきだとする。

キャリア形成には偶然の要因が大きくかかわっており、先を予測するのは難しい。そのような立場から、キャリアのカオス理論を提唱している心理学者ブライトとプライヤーが大学生を対象に実施した大規模な調査によれば、70パーセントの学生が自分の経歴は予想外の出来事に重大な影響を受けたと答えている。

キャリア形成における偶然の要因を重視する「計画された偶発性理論」の提唱者である心理学者クランボルツが行った調査でも、18歳のときに考えていた職業に就いている人は、わずか2パーセントしかいなかった。

それなのに、3年後、5年後、10年後、20年後、30年後の自分のキャリアをデザインさせるような教育に意味などないだろう。それにもかかわらず、大学だけでなく中学校や高校でもキャリアデザイン教育が行われているのだ。

私が大学生を対象に実施した調査では、「10年前どころか5年前でさえ今の自分を予想していなかった」という学生が61パーセントで、「予想していた」という学生の22パーセントを大きく上回った。5年前に今の自分を予想していなかったのなら、5年後も今の自分にとって予想外の展開になっている可能性が高い。

積極的不確実性を唱える心理学者ジェラットは、かつてのように目標を明確にし、情報を合理的に分析し、結果を予測し、一貫性を保って自分のキャリアを追求するといったスタイルは今や通用しないとしている。

そしてジェラットは、積極的不確実性という新たな枠組みを示した。ここで強調されるのは、将来というのは不確実なものであり、その不確実性を否定的にではなく肯定的にとらえようということである。

そこでは、予測不可能であいまいさに満ちている世の中の動きにうまく対処しながら自分のキャリアをつくっていくのをサポートすることが重視される。

クランボルツの「計画された偶発性理論」でも、従来は優柔不断とか決断できないというように否定的に評価されていた未決定の心理状態を肯定的にとらえ直し、心を開いた状態を維持することの大切さが強調される。

ブライトとプライヤーによるキャリアのカオス理論でも、将来のキャリアを予測することなど不可能であるという前提に立ち、不確実性や絶え間ない変化に満ちた環境にどう適応したらよいかに焦点を当てる。とくに個人のキャリアに対して想定外の出来事が与える影響に着目する。

そして、どのような出来事が起こるかはコントロールできないが、たまたま起こった出来事への理解と対処の仕方が、その後のキャリア形成を大きく方向づけると考える。

発想の柔軟性も必要である

このような新たなキャリア心理学の立場から、私も『「やりたい仕事」病』（日経プレミアシリーズ）において、キャリアデザイン教育に疑問を投げかけ、たえず経験から学びながら納得のいくキャリアをつくっていくためには、あえて「決定しない」という戦略を取るのがよいのではないかと唱えてきた。

たまたま降りかかってくる想定外の出来事を自分のキャリアに活かすには、キャリアの方向性に幅を持たせておく必要がある。ガチガチにキャリアデザインをしてしまったら、想定外の出来事の入り込む余地はない。

先の読めない時代には、将来の自分のキャリア像を思い描き、そこから逆算して今やるべきこと、準備しておくことを明確化し、将来を見据えながら計画的に行動するといった発想が仇《あだ》となる。

新たな状況や変化に対応していくためには、偏見にとらわれない開かれた心を保つことができなければならない。心の開放性を保つには、あいまいな状況に耐える力が必要となる。

ここは発想の転換が必要だ。将来を見据えて行動するのではなく、先が見えないときはどのように行動すべきなのかをつかんでおく。そして、変動が激しく将来が不透明な時代にふさわしい発想に切り替える。

このような時代には、将来のキャリアをデザインするための要因が不確かなので、そのようなことをしても無意味だろう。むしろ、どのような偶然の要因が生じても、可能な限り対応できるようにしておくことが必要なのではないか。

そこで大切なのは、偶然の好機を逃さないように、いろいろな力をつけておくことである。せっかく偶然の好機が訪れても、それをつかみ、活かすだけの力がついていなければ、そのチャンスはものにできない。

力をつけるためには、先のことばかり考えずに、目の前の課題に没頭することが必要である。課題に必死になって向き合うときに、行動力、集中力、粘る力、洞察力、段取り力、情報収集力、交渉力、ネットワーク力など、あらゆる仕事力が動員され、磨きがかかっていく。その過程で味わう充実感や爽快感、結果として湧いてくる達成感がモチベーションを高める。

また、偶然の好機にめぐり合う機会を増やすことも大切である。偶然の好機というのは、いつ、どこで訪れるかわからない。ゆえに、積極的に学ぶ場に出かけたり、いろんな人と出会う機会をつくったりして行動範囲を広げたり、誠実な仕事を心がけることで人から信頼を得るようにしたりすることが大切となる。

ここで改めて強調しておきたいのは、先ばかり見ていないで、「今」を思いきり生きようということである。先のことばかり考えていると、「今、ここ」に没頭することができない。それによって能力開発の好機を逸したり、成果を出し損なったり、たまたま訪れた好機を見逃したりしがちになる。

先のことに気を取られずに目の前の課題に没頭することで、結果として力がついたり、納得のいくキャリアの道が開かれたりするのだろう。

「好きなことが見つからない」……

キャリア教育で行われているのが、キャリアデザインの前段階の「好きなこと探し」である。

キャリア教育の授業では、「好きなことを見つけよう」「好きなことを仕事につなげよう」などと言われて、学生たちは必死になって「好きなこと」をはっきりさせようとする。

でも、「好きなこと」が見つからないといって困っている者も少なくない。さらには、「好きなこと」はあるけど、それが仕事につながるとは思えないし、仕事につながりそうな「好きなこと」を見つけるのが難しいとこぼす学生も少なくない。

キャリア心理学的な授業の後で学生たちが書いた「気づきレポート」を見ると、そうした学生の日頃の葛藤と気づきがよくわかる。


「私は就活に向けて『好きなこと』をずっと探していた。今までとくに将来の夢というものもなく、自分が何がやりたいのかわからずに今日まで悩んでいました。私はこの状況に焦りを感じて『好きなこと』『やりたいこと』を必死に探そうとしていました。多分『好きなこと』も『やりたいこと』もないという現実を認めたくなかったのだと今は思います。

でも、今日の授業を聞いて、この現実としっかり向き合おうと思いました。先生がおっしゃっていた『縁あってやるようになった仕事を一所懸命にやればいい。そのうち好きになるかもしれない』という言葉を聞いて、『それでもいいんだ』と思い、今まで苦しめられていた糸がほどけた感じがしました」

「自分の『好きなこと』『やりたいこと』がわからない。だから何とか見つけなくてはいけない気がして探しても見つからなかった。しかし、今日授業を受けて、今『好きなこと』『やりたいこと』がなくても、たまたま縁があってやることになった仕事を好きになることもあるし、『できること』が増えれば『やりたいこと』も変わってくると聞いて、少し不安が軽減した。まずは自分が就職できた場所で目の前の仕事に没頭しようと思った」

「これが好きだというものもないし、これをやりたいというものもなくて、とても焦っていたし、インターンを申し込むにも『ほんとうにこれでいいのか？』と思うとよくわからなくて、結局申し込めずにいました。

そんな状態のとき、今日の授業で、好きなことを仕事にしなければと考えずに、やることになった仕事を好きになればいい、できるようになるとけっこう楽しくなるものだと聞いて、とても気持ちが楽になりました。今までは『好きなこと』『やりたいこと』にばかり目が行ってしまい、やってみなければ実際は何もわからないということを忘れていました。

とにかくちょっとでも気になることは何でもチャレンジしてみることが大切なんだということを認識させられたような気がします。これからは『頑張って好きなことを探そう』ではなく、『その仕事を好きになれるように頑張ろう』という気持ちでいこうと思いました」

「キャリアの授業では、給料が安くてもやりがいのある自分の好きな仕事を選ぶか、給料が高い代わりに好きでもない仕事を選ぶか、どちらかを選択するように言われた。でも、今日の授業を聞いて、その2つの選択肢以外に、最初はとくに好きではなくてもやっているうちに熱中できれば、それでもいいという選択肢があることに気づけた。私ももし将来、好きでもない仕事に就いたとしても、その仕事に熱中し愛着がもてるくらいになれたらいいなと思った」

「私は絵を描くことが好きで、ずっとデザイナーになりたいと思っていました。それで美術の予備校に通ったりしましたが、周りの人たちとの才能の差に気づかされ、結局予備校もやめ、デザイナーの夢も諦めました。それ以来、『好きなこと』もなく、どんな仕事に就いたらいいかわからず、こんなことでは就職できないと思い、投げやりになっていました。

でも、今日の授業で、『好きなこと』がないと就職できないと思うのは間違いだったと気づきました。将来やるようになった仕事を好きになれるように一所懸命に頑張ればいいと思いました」

キャリア教育で「好きなこと探し」をしつこいくらいやらされて、それでも「好きなこと」「やりたいこと」が見つからず、焦りが募り、自信をなくし、自己嫌悪に苛《さいな》まれる。

「好きなことなんてなくてもいい」「やりたいことが見つからなくてもいい」「縁あ

ってたまたまやることになった仕事に全力を尽くせばいい」「やっているうちに楽しいと思えることもある」と聞いて気が楽になった、救われたという学生があまりに多いのに驚いた。

このような学生たちの声を聞くにつけ、どうも見当違いなキャリア教育が行われているように思えてならない。しかも、「好きなこと探し」を中学生の頃からずっとやらされているという者もいて、これでは就職するのが不安になり、自信をなくしてしまう者が出てくるのも当然である。

「好きなこと」は必死に探すもの？

好きなことが見つからない、といって悩んだり焦ったりしている学生が少なくないことはすでに述べた。実際、そのような学生が、相談に来ることもある。私が自己分析をひとつの専門としていることもあって、

「自分の好きなことがまだ見つからないので、もっと真剣に自分探しをして、好き

なことを見つけたいと思います」

「キャリアの時間に毎週好きなこと探しをしているんですけど、いくら自己分析をしても好きなことが見つからないんです。どうしたらいいんでしょうか？」

「私は、前からそうでしたけど、好きなことがなくて、こんな状態だとちゃんとした就活っていうか、納得のいく就職ができないと思うので、何とか頑張って自分の好きなことを見つけなくちゃと思っています」

などと学生が話しに来るたびに、どうも違和感が拭えない。

「だから、今年は就活をやめて、じっくり考えてから、来年仕切り直したいと思うんですけど……」

「こんな中途半端なまま就職して、あとで後悔したくないし……」

というように、「好きなこと」が見つからないから就活を1年延ばして、もっと真剣に「好きなこと」を探したいという学生までいる。

「好きなこと」が見つからない。だから、ちゃんとしたキャリアデザインができない。もっと見極める必要がある。今、「好きなこと」もよくわからない状態のまま、就くべき職業や就職する会社を決断する勇気がない。ゆえに動けない。進路を決められない。業種も会社も絞れない。とりあえず卒業延期＝留年をして、きちんと「好きなこと」を見極めたい。あるいは、とりあえず就職は延ばして、フリーターをしながらじっくり「好きなこと」を探したい——。

そんな現象がみられる。

何か間違っていないだろうか、「好きなこと」がないから就職できないというのは……。

そもそも「好きなこと」というのは、わざわざ頑張って探すようなものだろうか。無理に探さなければならないようなら、それはとくに「好きなこと」とは言えないはずだ。

落語家の立川志の輔は、大学では落語研究会に入っていたが、広告会社に就職した。広告会社の仕事もおもしろかったが、どうしても落語が頭の片隅から離れず、就職後も寄席に通い続けた。

それでも、自分が落語が好きでたまらないのは事実だが、それはファンとしてである、自分は客席にいるべき人間であって、お客に聴かせる側の人間ではない、自分はサラリーマンとして生きるべき人間なのだと、自分自身に何度も言い聞かせた。

だが、落語への思いはどうにも抑え難く、とうとう30歳になろうとするときに落語家を目指す決心をして、遅ればせながら立川談志師匠に入門したのだという（朝日新聞2012年6月3日付）。

いくら自分の衝動を抑え込もうとしても抑えきれず、そっちに走ってしまう。それがほんとうの「好きなこと」なのであって、まだ見つからないからといって頑張って探すようなものなど、けっして「好きなこと」ではない。

ある就活2年目の学生が、授業の後に、

「『好きなことを仕事にするように』って言うけど、好きなことをして暮らしていける人ってどれだけいるんですか。そんなことを言われ続けたせいで、僕は結局2

年かけてもうまくいってないような気がしてきました。『好きなことを探して仕事に結びつけろ』なんて、すごく無責任な言い方だと思います。そんな言葉に躍らされてた自分が悪いんですけど」

と話しに来たこともある。

そのような学生を見るにつけ、キャリア教育で盛んに行われている「好きなこと探し」を軸にしたキャリアデザイン教育の弊害を感じざるを得ない。

そこで、『「やりたい仕事」病』においてキャリア教育の現状に対する懸念を表明し、不確実性の時代によりふさわしいキャリア教育のあり方を提言したのだが、未だに「好きなこと探し」を軸にしたキャリアデザイン教育が行われ続けている。

自分自身を見失い、路頭に迷いがちな学生のために、そこは何とか改善すべきだと強く思っている。

克服する喜びの先に「楽しさ」はある

教育においては、「好き」とか「楽しい」という意味をとらえ直す必要があるだろう。

そこで、日本のプロ野球を代表する選手で、アメリカの大リーグでも大活躍したイチロー選手の言葉を見てみたい。

もがいても、もがいても、何を考えても、何にトライしてもダメなときが人生にはあると思うんですけど、そういうときこそ、自分に重荷を課すということが、必要だと思うんです。自分はできないかもしれないけど、それをあえてやるぞっていうことは、すごく大事なことだって、最近思いますね。

（児玉光雄『この一言が人生を変える イチロー思考』三笠書房、以下同書）

これでいいと思えるものを見つける。
確かに、その瞬間は「いまは、これでいい」って思えるんです。
でも、1週間後には、また変わってくる。
「これでいい」と思っていたものが、「いい」とは思えなくなってくる。
それで、今度は「もっと、いいもの」をまた探し求めなくてはならない。
この繰り返しなんですよね。
でも、この探し求める、ということが面白いし。
これが、野球を続けられるモチベーションなんですよね。

自分は幸せな人間だと思う。
不幸な人間って、何事も何の苦労もなくできてしまう人でしょう。
でも、それでは克服の喜びがなくなってしまう。

ここには、勉強でも仕事でも「楽しい」と思うようになるまでの過程のヒントが示されている。

できないことができるようになるのが成長であり、自分が成長しているといった実感が喜びや充実を生む。はじめから楽しいというようなことはなく、「できないこと」が「できるようになる」ことで楽しいと思えるようになり、それをすることが好きになる。

「楽しい」と思い、「好きだ」と思えるようになる前に、苦しい時期がある。それを頑張って乗り越えることで、克服する喜びを感じることができ、それが「楽しさ」につながっていく。

ゆえに、イチロー選手は、「野球を楽しむ」ということの意味がわからなかったという。

「楽しんでやれ」と言われるんですけど、

僕はその言葉の意味がよくわからない。
「楽しむ」というのは、決して笑顔で野球をやることではなくて、充実感を持ってやるもんなんだと
僕なりに解釈してやってきましたけど、
それにたどり着くまでには「楽しんでやる」というような表現は、とてもできなかったですね。

このような「楽しさ」の意味を考えると、「好きな仕事を見つけたい」「思ってたのと違って仕事がおもしろくない」「もっと楽しく働ける仕事に変わりたい」という場合の、「好きな仕事」「仕事のおもしろさ」「楽しく働ける仕事」の内容を考え直す必要があるだろう。

学生たちの悩みを聞いていると、「楽しい」とか「おもしろい」ということの意味を勘違いしていると言わざるを得ないケースが少なくない。

そのあたりの内容を授業で取り上げた後の「気づきレポート」では、つぎのよう

な記述が目立った。

「コンビニでバイトをしているが、はじめは淡々とこなすだけで嫌としか思えなかった。しかし、常連の人に『ダメだ』と言われたことで、この人に認めてもらえる店員になろうと思い、レジを素早くさばくようにし、常連の人はだれがレシートを取るか、袋の種類へのこだわり、弁当を温めるかどうかといったことを意識するようになった。

このように工夫することによって常連の人から声をかけてもらえたり、自分自身充実感が出てきて、仕事もいろいろ任せてもらえるようになり、仕事の楽しさを感じられるようになったのを思い出した」

「アルバイトをしていて『仕事が楽しい』と感じるのは、仕事のやり方が充実しているときで、自分でやり方を工夫して成果が出たときなどに感じることが多い。選んだ仕事が楽しいかつまらないかは自分のやり方次第だと私は思った」

「最初、アルバイトを始めた頃は、わからないことだらけで、行くのが毎日嫌だった。しかし、1年くらい続けていると仕事もできるようになり、楽しくなっていた。だれだって、できるようになるまで頑張らないと、どんな仕事も楽しくならないと思う」

「私は新幹線のパーサーのアルバイトをしています。制服もかわいいし、新幹線にも乗れるし、芸能人にも会えるし、こんないいアルバイトはないと思って入りました。しかしやってみると、ものすごい激務で、研修やOJT（On the Job Traininng〔新人に職場で実務を体験させる教育訓練〕）も本格的に厳しく、始めてまだ数週間なのに一緒に入った人たちはみんな辞めて、私一人。

同期がいなくなり私も辞めようかなと思っていたのですが、今日の授業を聴いてもう少し頑張ってみようと思いました。どんな仕事もいきなり楽しくなるものではないし、楽なものでもないと思うので、ちょっと考え方を変えて、自分が成長できるようにもうちょっと頑張ってみようと思います」

「自分が決めている業種に就職できなかったらどうしようと、不安でいっぱいだったが、今日の授業を聴いていろいろ考えさせられた。将来どんな仕事に就けるかわからないが、たとえ自分に合っていなそうな仕事に就くことになったとしても、得意でない領域でどれだけ自分の力をつけ、力を発揮することができるか、試してみたいと思った」

このように学生たちは、授業で刺激を与えることで、「好きなこと探し」の呪縛から自由になり、さまざまな仕事を楽しめる方法を模索し始める。

教育の場では、「好きな仕事を見つけよう」とか「理想のキャリアをデザインしよう」などと促すよりも、仕事の「おもしろさ」や「楽しさ」とはどういうものかについてじっくり考える機会を持たせる必要があるだろう。

フロー体験とは何か？

ポジティブ心理学の第一人者であるチクセントミハイが唱えるフロー体験というものがある。勉強や仕事、趣味などにおいて、「楽しい」ということの意味を考える際の参考になる。

遊びの性格を持つ何かをしているときこそ、人はワクワクしながら楽しめ、その活動に没頭できる。ただし、そこでは自分の能力を最高度に使って何かに挑戦していることが条件となる。

そのとき、集中力が高まり、散漫さはなくなり、時間を忘れ、自意識も消滅し、そのこと自体に深く没頭する。

そのような状態のことをフローと呼ぶ。

「楽しい」と「楽をする」は、字は同じでも意味はまったく違う。楽をしているとき、人はけっして楽しくはない。

何の努力もいらず、できる遊びをしていて心から「楽しい」と感じることはないだろう。ゲームでも、必死になるから楽しいのであって、簡単すぎるものを楽しむことはできないはずだ。

授業を楽しくするという試みにおいても、そのあたりの勘違いが横行しているように思えてならない。

自分の能力を十分に活かしていないと感じれば、人は退屈する。大人を見ても、多くの人は、仕事でストレスを感じている。しかし、仕事から解放されると能力をほとんど使わないですむ気晴らししかすることがない、といった状態に甘んじている。だから退屈する。それで衝動に身を任せるような娯楽で気を紛らすことになりがちになる。

そこで大切なのは、フロー体験によって生活を豊かにすることである。チクセントミハイは、多くの人は無気力に過ごしすぎるためフローを体験できないでいるという。

たとえば、仕事の後のくつろぎのときや休日に、ビデオやテレビを観たりと、出来合いのパックされた刺激を求めたり、商業的な娯楽に走る。今では、ユーチューブを楽しんだり、ゲームをしたりして時間を潰す人も多いだろう。それではフローは体験できない。

フローを体験するには労力がいる。努力することなしにフロー体験は得られない。安易な娯楽でなく、フロー体験につながるような娯楽の場合、楽しめるようになる前に、注意力や集中力が求められ、努力する必要がある。

おもしろいと思えることの多くは、はじめからおもしろく感じるわけではなく、労力を積み重ねる努力の末に、ようやくおもしろいと思えるようになるのである。その最初の努力ができない人があまりに多い。

気晴らしではフロー体験は手に入らない

チクセントミハイは、受動的な娯楽と能動的な娯楽を区別している。

受動的な娯楽とは、友だちとただだたむろすること、無目的にテレビに向かうこと、簡単に読める本を読むこと、今ならユーチューブでおもしろそうな映像を観ること、インターネットで情報検索したりSNSをしたりして時間を潰すことなどである。

いわば、労力のいらない活動で時間を潰すことを指す。

仕事で疲れ切って帰った後に、このようにくつろぐのが悪いというわけではない。疲れているから、あまり頭も気力も使わないテレビ番組を観ることはよくあることで、それは疲れ切った心身のリフレッシュになる。

そういうときがあってもいいが、たえずそのような受動的な娯楽に頼っていると、フロー体験とは無縁な、退屈な人生になってしまう。

注意力も集中する努力もいらない単なる時間潰しのなかでは、人は無気力になり、モチベーションと無縁な時間の過ごし方をして、不安やむなしさを感じるようになる。

その不安やむなしさを覆い隠すためには、自己意識を麻痺させる必要がある。そこで、ひたすらテレビを観たり、恋愛ものやミステリーものを読んだり、ギャンブルに走ったり、セックスや酒に溺れたり、スマホやゲームに依存したりするようになる。そうしていれば、不安でむなしい自分に直面しないですむ。

一方、能動的な娯楽というのは、スポーツや芸術、趣味、学びなどの活動に没頭することを指す。そのような娯楽の場合、安易に楽しむことはできない。いきなりうまくできるようにはならない。簡単には習熟できない。楽しむためにはそれ相応の努力が求められる。

だからこそ、一定の水準に到達し、楽しめるようになったときの喜びは、何もののにも代え難いものがある。

本をよく読む人ほど多くのフロー体験をしている一方、テレビをよく観る人ほどフロー体験に縁がない、といった調査データもある。フロー体験を得られた人たちは勉強に費やす時間が増え、受動的な娯楽に費やす時間は減っていたという調査データもある。

では、具体的にどのような活動がフロー体験につながりやすいのか。チクセントミハイは、フロー体験をもたらしやすい活動として、つぎのようなものをあげている。

- スキー、ボウリングなどのスポーツ
- ガーデニング
- 音楽鑑賞、合唱団で歌うこと
- ご馳走を作ること
- コンピュータのプログラムを作ること

・踊ること
・本を読むこと
・勉強すること
・仕事をすること
・親しい友だちと語り合うこと
・親が赤ちゃんと遊ぶこと

このような趣味、勉強、仕事、社会的交流の共通点は、意識が体験でいっぱいであることだ。スポーツ選手は、そのことをゾーンに入ったと言い、画家や音楽家は恍惚《こうこつ》状態と表現したりする。

これをしているときは、時を忘れて没頭してしまうという場合、フロー体験に浸っていると言える。

チクセントミハイは、大人になっても子どものような熱意と好奇心を失わないことがフロー体験を得るための条件、と考えているようである。さらに彼は、フロー体験を持ちやすい人として、自己目的的パーソナリティの人をあげている。

外から義務として与えられた目的を達成するためというよりは、それ自体のためにものごとを行う人のことである。何か他の目的のためにそれをやるというのではなく、それをやること自体を楽しんでいる。

たとえば、仕事に活かそうとして本を読んだり、勉強したり、人づきあいをしたりするのではなく、本を読むこと、勉強すること、人づきあいをすることそのものを楽しんでいる。

そうすると、「何に役立つか」をしきりに強調し、実学志向を強めている最近の教育は、勉強を楽しむ心を奪っている側面もあるのではないか。

それと同時に、安易な楽しみを与えようとする傾向も逆効果だろう。授業を楽しいと感じ、勉強を楽しめるようになるには、それ相応の試練を乗り越える必要がある。そうした課題を与え、苦しい時間を乗り越えさせることも、教育では必要なはずだ。

「楽をして学ぶ」と「学ぶことが楽しい」は違う

「わかる」ことが「楽しい授業」につながると第2章で指摘したが、わかるようになるには、基礎的な知識や関連する知識を仕込んでおくことが必要となる。

私が大学生の頃は、基礎的な勉強ばかりでつまらない、早く専門の勉強をしたいという学生の声をよく耳にしたし、私自身もそう思うことがあった。だが、今では、「授業を楽しく」といった掛け声のもと、基礎の段階から楽しませることに主眼を置いた教育が行われているように思われる。それによって基礎的知識の習得が疎かになるのでは、何のための教育なのかわからない。

また、アクティブ・ラーニングという名のもと、グループ活動が盛んに行われている。学生たちに聞くと、

「講義型の授業だと受け身で聴いてるだけだけど、グループ活動の授業だと分担したことを調べないといけないから、何かやっている感がある」

「講義型の授業だとすぐに眠くなるけど、グループで話し合う授業だと眠くならない」

といった肯定的な声がある一方で、

「講義型の授業だと専門を極めた先生の話が聴けていろんな気づきが得られるけど、グループで話し合う授業ではみんな勝手なことを言ってるだけで、ほんとうに時間の無駄だと思う」

「講義型の授業では知らない知識が次々に出てきて刺激的だけど、グループ活動の授業だと知識の乏しい自分たちの枠をはみ出すことができないから、楽だけど勉強にならない」

といった否定的な声もある。

このところの「楽しい授業」を目指す動きにおいては、「楽をして学ぶ」という方向に傾きすぎているように感じる。

本書の冒頭でも、小学校で英語の授業が楽しいという声が多いが、それをもって英語遊びの授業を肯定するのは間違っていると指摘した。それは勉強でなく、いわば幼稚園で行う遊戯をただ英語でやっているに過ぎない。それは学校でやる勉強ではない。

それと似たような楽しさを小学校だけでなく、中学、高校、さらには大学でも行っているとしたら、基礎知識を獲得するための苦労を知らないままに大きくなってしまう子が出てくる。

学ぶ喜びを味わえる心を持つチャンスを子どもたちに与えるには、「楽をして学ぶ」という方向でなく、「学ぶことが楽しい」という方向を目指すべきだろう。そのためには、基礎的な知識の習得が欠かせない。それによって、はじめて「わかる」を「楽しい」につなげていくことができるのだ。

そもそも学力の向上につなげない限り、授業とは言えないだろう。

学力をつけるにも非認知能力が大切

勉強でも、スポーツでも、芸術でも、仕事でも、何でもそうだが、ある程度できるようになって「楽しい」と感じられるようになるには、単調な訓練や辛い練習を繰り返すことで基本を習得し、基礎的な能力を身につける必要がある。

そのために大切になるのが非認知能力である。

２０００年にノーベル賞を受賞した経済学者ジェームズ・ヘックマンは、人生のどの時点において、教育に金をかけるのが効果的であるかを探る研究を行っている。そして、小学校に入る前の教育がその後の人生を大きく左右することを実証してみせた。しかも、就学前教育でとくに重要なのは、ＩＱのような認知能力、いわゆる知的な能力を高めることよりも、忍耐力や感情コントロール力、共感性、やる気などの非認知能力を高めることだということを見出した。

非認知能力というのは、自分を動機づける（自分をやる気にさせる）力、長期的な視野で行動する力、自分を信じる力、他者を信頼する力、自分の感情をコントロールする力など、知的能力とは異なる能力を指す。

その核となる要素が自己コントロール力である。最新の心理学研究でも、自己コントロール力が人生の成功を大きく左右することが強調されている。

アメリカの心理学者モフィットは、1000人の子どもを対象に、生まれたときから32年間にわたって追跡調査を行った結果、子ども時代の自己コントロール力が将来の健康や富や犯罪を予測することを発見した。

つまり、我慢する力、衝動をコントロールする力、必要に応じて感情表現を抑制する力など、自己コントロール力が高いほど、大人になってから健康度が高く、収入も高く、犯罪を犯すことが少ないことがわかったのである。

このような自己コントロール力は、まさに日本の子育てや教育において伝統的に重視されてきたものである。

日本では、教育でも子育てでもアメリカ流を取り入れようとする傾向が強い。だが、最近のアメリカの研究では、むしろ日本の教育や子育てで重視されてきたもの、つまり忍耐力や克己心《こっきしん》といった非認知能力の大切さが強調され始めているのである。

このところの日本の教育では、アメリカの真似をして自己主張のスキルが重視されているが、その結果、自己コントロール力の乏しい子どもや若者が生み出されていると考えられる。

傷つきやすく、ちょっと厳しいことを言われただけで反発したり落ち込んだりして、鍛えるのが難しい若者の増加は、今や深刻な社会問題になっている。

人生は思い通りにならないことだらけなのに、忍耐力の乏しい子どもや若者は、挫折するたびに心が折れ、生きづらさに苦しみ喘《あえ》ぐことになる。

当然のことだが、勉強ができるようになり、「楽しい」と思えるようになるにも、地道に努力を続けられる忍耐力、怠け心や遊びの誘惑に負けない克己心、やらなければならないことに向けて、自分を動機づける力といった非認知能力が必要となる。

教育現場でも、教育政策の策定においても、こうしたことをしっかり考慮していただきたい。

第5章　学校の勉強は役に立つ

役に立たない勉強は「したくない！」

教育現場に40年近く身を置いていると、学生たちのさまざまな変化を肌で感じるが、そのひとつが「役に立つ」勉強に価値を置く傾向が著しく強まっていることだ。学生たちは、「この勉強が就活に役立つかどうか」「この勉強が就職してから仕事にどのように役立つか」を基準に、受講する科目を選択したり、ちゃんと勉強する科目を決めたりする。勉強することが露骨に、社会に出て働くための準備になっている。

これには企業の側が即戦力を求め、それに対応すべく教育行政側が大学教育を実学中心にシフトしようとしてきたことも、大いに関係しているのだろう。

だが、このような風潮を見ていると、学びの場というのがどんどんやせ細っていくような気がしてならない。

私が高校生だった頃は、周囲には実学を軽視する空気が漂い、役に立たない勉強だからこそ純粋な学びであり、学ぶ喜びをほんとうに味わえると語ったりしていた。

私自身も、役に立つかどうかで学ぶ学問を決めるのは邪道であって「役に立つ－立たない」といった枠組みを超えて、自分の心の世界をもっともっと広げたいという衝動に駆られて限りなく学んでいくのが贅沢な生き方だと言ったりしていた。

そして、大学生になった。受験勉強から解放され、手段としての勉強をしなくてもよくなった。当たり前のことではあるが、学びたいことを自由に学べる立場になった。

当初は理科系にいたが、方向性を見失って趣味の勉強に走り授業から脱落する友だちや心を病む友だちが出たりする上に、自分自身もモラトリアム（社会に出るまでの猶予期間）の心理に漂っていたため、生き方をめぐってあれこれ考えるようになり、思い切って文系に移り、心理学を学ぶことになった。

その頃も、就職したらどっちみち実学を学ばないといけないのだから、せめて学生時代は実用性などに縛られずに、興味の赴くままに勉強していたいと考えていた。

専攻する教育心理学自体、就職してから役に立つというものではなかったが、その専攻にも縛られずに、他学部の授業を受講したり、他大学の授業を潜《もぐ》りで受講したりしながら刺激を受け、また授業を適当にサボりながら図書館で気になる本を読んだりして知的好奇心のままに動いていた。

知らないことがつぎつぎに出てくる。これまで知らなかった世界が開けてくる。もともと興味があり少し知っていた領域でも、知識が増えたり、新たな視点を得たりして、ますます深く理解できるようになる。知識が増えたり、新たな視点が得られたりすると、もっと知りたいことや疑問に思うことが出てきて、さらに学びたくなる。

そのような私の学生時代と比べると、今の学生たちは、実学を強いられ、いわば「就活に役立つことを学べばいい」「就職してから仕事に活かせる勉強だけしていればいい」ということで、学ぶ喜びを奪われており、かわいそうに思えてならない。

このように言うと、大学進学率が50パーセントに達したのだから、もはや大学は学問をする場ではない、今どきの大学生に教養を求めてもしようがない、かつての専門学校のように職業訓練をする場になったのだ、というように反論されることがある。

だが、いくら私の頃と比べて大学進学率が2倍近くになっているとしても、半分はかつての大学生と同じ層にあたるはずだ。それにもかかわらず、ほとんどの大学が実用性を重視し、実学を学ぶ場になっているとしたら、今の若者は主体的で深い学びの場をどこに求めたらよいのだろうか。

教養を深めるような授業こそ大事

今でも学問の場として機能している大学もあるのは事実であるが、とくに底辺校に限らず平均的な大学であっても、そこでの学びはかなり実用的な方向にシフトしているように思われる。

それが社会的な要請となっており、世間の期待に応えるべく、大学は就職に有利な教育をしなければならず、それが受験生やその保護者を引きつける売り物となっている。

ゆえに、実用的な価値を持つ授業が少なく、教養的な授業が多い大学では、大学の授業は適当に流している学生たちが、エクステンションセンター（資格取得のための支援などをする大学の付属機関）などが放課後に行う実用的な授業にわざわざ余分な金を払い、熱心に参加していたりする。そのような授業がない大学では、就職予備校のようなところの講座を受講していたりする。

教養を深めるような授業にはまったく関心がなく、表面的なスキルを磨くことばかりに気持ちが向いている学生がかなりいることの現われであろう。だがそれで、就職してから力を発揮できるのだろうか。

プレゼンテーションのスキルを磨いて、たとえ就活を突破して第1志望の会社に入社できたとしても、その場限りの勝負に近い就活と違って、長い職業生活のなかでは、表面的なメッキはすぐに剝がれてしまう。

いくらプレゼンテーションのスキルがあっても、内容の乏しさ、思考の浅さは、すぐに周囲に知られてしまうはずだ。

さらに言えば、前章で述べたように、ＩＴやＡＩの飛躍的な発達により、先の予測が不可能な時代に突入している。

ゆえに、将来の仕事に役立つ勉強をしたいといっても、そもそも何が役に立つかなど、そのときになってみないとわからない。

そうであるなら、将来、何をすることになっても活かせる一般的な能力を磨いておくべきなのではないか。

塩野七生は、出身校の高校生たちとの対話のなかで、「人生で役に立つことがひとつだけある。それは教養を身につけることだ」と言っている。まさにその通りだと思う。

幅広い教養を身につけることで、何か目の前に課題が生じた際に、さまざまな視点から検討し、頭のなかにあるいろいろな引き出しから必要な知識を引っぱり出しながら、自分の進むべき最善の道を模索することができる。

かつての若者は、教養を身につけるための勉強をしていた。だが、このところ若者に実用的な学びばかりを求めるようになっている。今の若者が生きづらさに苛《さいな》まれがちなのは、教養を身につける機会が少なく思考が深まりにくいことが関係しているのだろう。

学校の勉強は社会で役に立たないのか

学校で勉強したことなど、社会に出てから全然役に立たないという声をよく耳にする。

数学の時間に方程式をよく解いたものだが、学校を卒業してから方程式なんて解く機会はまったくない。微分・積分でずいぶん苦しめられたけど、学校を出てから微分・積分の式を使う機会がないどころか、微分・積分っていう言葉すら聞くこともない。数学が苦手で授業時間や試験が苦痛だったという人がしばしば口にするセリフだ。

たしかに、よほど特殊な仕事でない限り、仕事で方程式を解いたり微分・積分の計算をしたりするようなことはまずないだろう。もちろん私生活でもそのような知識を持ち出す機会もないはずだ。

しかし、問題は数学で習った式を使ったり計算したりするかどうかではない。数学を学ぶ意味は、その学習によって頭を使い、考え方に馴染むことで思考力が磨かれ、仕事や私生活で直面するさまざまな課題を解決する力がつくというところにある。

その意味では、単に式を暗記して計算するといった学び方ではなく、その意味を理解しながら学ぶ必要がある。たとえば、微分・積分であれば、ただ計算練習をするのではなく、その概念について理解する必要がある。

そのような複雑な概念や式どころか、算数で習ったような単純な計算でさえ、今や仕事でも私生活でも使うことはないし、スマートフォンの電卓機能ですべて間に合う。そのようなことを言う人もいる。

実際、小学校で学ぶ算数の計算ができない人でも仕事をしている。先日も、ある店で、330円のものを買うのに店員に500円硬貨を渡したら、お釣りが間違っていたので指摘したところ、何度かレジを打ち直して、

「いいえ、間違ってません」

と言う。打ち間違いをしているのだ。レジに頼り切っていて、頭が働いていないのだろうと思って、

「500円から330円を引いたら170円じゃないですか⁉」

と言っても、よくわからない様子でポカンとしている。どうも引き算を暗算でできないようで、電卓で計算し直して、ようやく納得してくれた。

居酒屋に行ったときも、隣のテーブルの3人グループが飲食を終え、精算するにあたって、金額を3人で割ったそれぞれの計算結果が違っていて揉《も》めていた。暗算をしながらああだこうだと言っていたが、そのうちみんなスマートフォンで計算を始め、決着がついた。

驚いたのは、ある旅館で宿泊費の精算をしているグループの会話だ。2泊分の宿泊費を人数で割った数字が安すぎるようで、

「計算間違いじゃないか？　これじゃ、1泊の宿泊料金の1・5倍だぞ。酒も飲んでるのに」

と言われた幹事が、

「でも、大丈夫です。何度電卓で計算しても、そうなるんで」

と言うため、

「そうかぁ、そんな安くていいの？」

と、みんな了解し、幹事に言われた額を渡していたが、それでは幹事が大損だろう。細かな計算をしなくても、直感的に「それはおかしい」と思わなければならないはずだ。


分数ができない大学生とか、割り算ができない大学生とか、%（パーセント）がわからない大学生などと言われるが、計算の概念が頭のなかにない人が案外多いのかもしれない。

細かな計算は電卓で足りるだろうが、頭のなかで計算に相当する大まかな変換もできないというのでは、日常生活にも支障が出てくるのではないか。頭のなかの変換機能が鍛えられていると、仕事上、あるいは私生活上で解決を迫られるさまざまな問題に対処する際に、大いに役に立つはずである。

社会科の勉強に関しても、歴史の時間にいろいろな事件の年号を覚えさせられたけれど、社会に出てから、何時代にどのような事件があったとか、何々事件が起ったのは何年だったというような会話をすることはないし、そんな知識を問われることもない。まったく無駄な勉強だった。そんな声を聞くこともある。

実際、歴史の時間に習った事件の概要や年号が仕事上や私生活での雑談に出てくることは、まずないと言っていいだろう。では、歴史の勉強はまったく無意味なのかというと、そうではないはずだ。

事件名や年号は、別に覚えている必要はないだろう。でも、歴史は繰り返すと言われるように、歴史上の出来事の背景を考えることが社会の変動や人間の欲望についての知恵を与えてくれる。今、目の前で起こっていることを理解したり、自分自身の取るべき行動を検討したりする際に、歴史をめぐる考察が複眼的な視点を与えてくれたりする。

このように、学校で学んだ知識を社会に出てから直接的に使うことはないかもしれないが、学ぶこと自体が頭の使い方の練習になっているし、視野を広げることにもつながっている。

受験勉強は意味がない？

受験勉強のむなしさは、受験を経験した人なら、だれでも一度は口にしたことがあるのではないか。

私も受験生の頃はしばしば口にしたものだった。もっと好きな勉強をしたいのに、我慢して、受験が終わるまでは入試突破の手段としての勉強に徹しなければならない、むなしくてしょうがない……、というように。

受験のためだけの勉強に徹するのは、それはむなしいだろう。受験が終わってしまえば、もう用はないというような知識——。そんなものをひたすら頭に叩き込むだけの勉強であるなら、むなしさを感じるのは当然だ。

でも、果たしてほんとうに受験勉強で学んだことは、受験が終わってしまえば無用の知識ばかりなのだろうか。

今、多くの大学で問題になっているのは、中学校や高校で学んだはずの数学や理科、英語の知識が身についていない学生が多くて、中学校や高校の復習のための授業をしなければならないという現実である。

本来、大学というのは、もっと専門的なことを学ぶ場であるはずなのだが、基礎的な知識が身についていないために、専門的な勉強をする準備状態が心のなかにできていないのだ。

第1章で紹介したように、アメリカと日本の大学を比較検討している苅谷剛彦によれば、アメリカの教授の66パーセントが、自分の大学の学生たちに本来なら高校で習得すべき内容を教育するために、あまりに多くの時間を費やしていると答えている。高校最上級生のうちの成績が上位15パーセントしか受け入れないUCLAでさえも、新入生のうちの半数は、単位にならない科目である再教育用の数学と英語、つまり本来なら高校までに習得しているべき内容の学習をしているという。

さらに苅谷は、日本の場合は、受験による基礎学力によって日本の大学教育が支えられてきたとする。大学で専門教育を施《ほどこ》せるのは、高校修了までに学生たちが身につけてきた基礎学力のお陰だったかもしれないという。

だが、日本の大学も、アメリカの真似をして入試から学力を部分的に切り離すようになったことによって、今やアメリカの大学と同じように学生の学力低下の問題に悩まされることになった。

人間というのは弱いもので、怠け心もあるし、ついつい安易な方向に流されてしまう。とくに意志の弱い者ほど、そうした傾向が強い。そのため、受験の成否が学力で決まるなら、高校で習得すべき内容を必死になって身につけようとする。かつての日本の大学は、そのような仕組みで学生を選抜していたため、大学ではその基礎学力を前提とした授業を展開することができた。

だが今は、受験勉強をせずに大学に進学する者がかなりの数にのぼるため、高校までに習得しているはずの基礎学力を身につけていない学生が少なくない。そこで、かつてのような原書講読のゼミができないとか、読解力不足ゆえに日本語の専門書すら読ませるのを断念せざるを得ないといったことが起こっている。

こうして見ると、むなしさの象徴のように言われてきた受験勉強にも、基礎学力の定着を保証するという意味があったのである。

受験勉強の意外な効用とは

受験勉強には、基礎学力を定着させる効果があることを指摘した。平常点による内申点だけで大学へ進学できるとなると、過年度に学んだ内容を復習する必要はなく、目の前の学習内容に取り組むだけになりがちなため、なかなか基礎学力が定着しにくい。

受験で学力試験があれば、これまでに学んだ内容の復習をしつこく繰り返すしかないため、大学入学までに基礎学力が定着しやすい。

推薦で入学したから授業についていけないんです、と相談に来た学生たちや、「どうしたら先生から評価されるかわかってるし、先生から好かれるの得意で、これまでいつも、内申で進学してきたから、じつはちゃんと勉強したことがなくて、授業がまったくわからない」と相談に来た学生のことはすでに紹介した。

そのようなことが起こるのも、受験勉強をせずに大学に進学できるからであり、そこから逆に受験勉強の効用がわかるはずだ。

だが、このような基礎学力の定着という意味での効用だけでなく、受験勉強には、頭の体操になり、地頭が鍛えられるという効用もある。

たとえば、地学で学んだ天体の運動も、物理で学んだ分子や原子も、生物で学んだ遺伝の法則も、数学で学んだ微分・積分の計算も、歴史で学んだ戦国時代の戦いの構図も、国語で学んだ代表的な小説や詩の鑑賞も、英語で学んだ構文も、社会に出てから直接役に立つことはまずないだろう。

だが、それぞれの学びに際して、その時々のテーマを理解しようと一所懸命に考えることが頭の体操になり、その繰り返しのなかで地頭が鍛えられていく。その意味でも、受験勉強には大きな効用があると言ってよい。

さらには、受験勉強には、非認知能力を高めるという効用もある。

非認知能力については、すでに第４章で解説したが、自分を動機づける力、長期的な展望のもとに行動する力、我慢する力、衝動をコントロールする力、自分を信じる力、他者を信頼する力など、知的能力とは異なる能力を指す。

さまざまな研究により、非認知能力が高いほど、学歴や年収が高く、健康度も高い。さらに、犯罪（麻薬に手を出すなど）率が低いなど、人生がうまくいく可能性が高いことが実証されている。

その非認知能力を高めるのに、受験勉強が役立つと考えられる。志望校に合格するために、だらだらしがちな気持ちを引き締め、やる気を燃やす必要がある。怠惰になりがちな自分を動機づけないといけない。受験勉強はそのための訓練の機会を与えてくれる。

今日くらいのんびりしてもいいだろう、という気持ちになるたびに勉強をサボったり、友だちから遊びに誘われるたびに「今日くらいいいだろう」と誘いに乗ったりしていては、受験を突破するのは難しい。

目の前の誘惑に弱いのが人間の本性とも言えるが、そこは受験のために我慢して、長期的な展望のもとにしっかり勉強をしていく必要がある。つまり、受験勉強によって、忍耐力が培われたり、長期的な展望のもとに自分の欲望をコントロールする力が身についたりする。

このように、受験勉強は、さまざまな面で自己コントロール力を鍛える試練の場を与えてくれる。

人生はなかなか思うようにいかないことの連続だし、受験勉強によって自己コントロール力を鍛えることは、必要なときに勉強を頑張ったり、継続的に勉強する習慣を身につけるのに役立つだけでなく、人生において降りかかってくるさまざまな試練を乗り越える力にもなる。

実学志向が薄っぺらな大人をつくる

このところの教育改革は、実用的な知識やスキルの習得を重視する方向にどんどん向かっている。そうでありながら主体的で深い学びを重視するという。

教育現場に身を置くだれもが気づいていると思うが、子どもや若者を教育する立場にある者は、そのあたりの矛盾を認識し、深い学びへと導く覚悟が必要だろう。

たとえば、２０２２年度からの新学習指導要領に基づく国語の授業の改革を促すべく、新たに導入される大学入学共通テストのモデル問題として、生徒会の規約や自治体の広報、駐車場の契約書などが国語の問題文として出題されていることはすでに述べた。

自治体の広報の読み方や、駐車場の契約書の読み方を学ぶのは実用的で、社会に出てから役に立つということなのだろう。だが、ここで改めて強調したいのは、これが深い学びだろうか、何か勘違いしていないだろうか、ということだ。このような実用文について学ぶだけで読解力が高まるとでもいうのだろうか——。

小説や詩を鑑賞したり、評論や随筆を読んで作者の言いたいことを読み取ろうとする学習と比べて、広報や契約書などの実用文の意味を理解しようとする学習の方が深い学びになるとはとても思えない。

たしかに広報や契約書も理解できない人が多いのは困るだろうが、学校教育で、最低限のところまで水準を落とす必要はない。

実用的な用途を重視しすぎると、これまでの国語の学習のように、作品の登場人物や作者の言いたいことや気持ちを汲み取ろうと想像力を働かせるような学習が欠落するため、相手の言っていることがわからない、相手が何を考えているのかわからないという、コミュニケーションの苦手な人間がますます増えていくだろう。

さらには、実用文のような薄っぺらい文章しか読まないのでは、小説や詩、評論や随筆に込められている深い思いや考えに触れることができないので、人生での課題を乗り越えるためのヒントとなる言葉や視点を、自分のなかに蓄積することもできない。

英語の授業では、もうずいぶん前から会話重視ということで実用性を重視する方向へのシフトが行われてきた。さらに、これから大学入試改革とともに実用性をますます重視する方向に進めていくという。

小説は外国人にとっては難解かもしれないが、英語で書かれた評論や随筆など論理的な文章を日本語に訳す授業では、日本語と英語の読解力が鍛えられ、まさに深い学びになるだろう。だが、英語の会話を聴き取る練習や、英語で会話をする練習が、果たして深い学びと言えるだろうか。

これまでにも指摘してきたように、そのようなことは、英語圏に生まれれば幼児段階で学んでいることである。日本人は英語コンプレックスが強いから勘違いしがちだが、日本語に置き換えてみるとわかりやすい。日本で生まれた子は、幼稚園児でさえも、すでに日本語を聴き取れるし、ちゃんとした発音で日本語をしゃべれるから、日本語で何不自由なく日常会話を行っている。

だからといって、読解力があるわけではない。日本語がペラペラの子どもや大人のなかにも、読解力の優れた者もいれば、読解力の乏しい者もいる。会話の練習が読解力につながるわけでないのは、おしゃべりな子が必ずしも国語の勉強ができるわけではないことからもわかるだろう。

いくら英会話を発音よく流暢にできたとしても、大事なのは話す中身のはずだ。中身を充実させないことには、いくら発音よく流暢に会話ができたとしても、けっして深い学びをしたことにはならない。

国語や英語ばかりではなく、あらゆる学習において実用性を重視する実学志向が強まっている。

プレゼンテーションや討論のスキルばかりを身につけても、知識や教養、ものごとを深く考える習慣を身につけさせることができないのであれば、薄っぺらいのに自信満々な人間を生み出すだけになってしまうだろう。

おわりに

教育問題についての報道に接するたびに疑問に思うことが多く、何とかしなければといった思いに駆られ、どうも落ち着かない。近頃の教育改革の動きを見ていると、だれもが真剣に考えているはずなのに、なぜか見当外れな方向に進んでいく。そうした流れのなかで、教育現場でもおかしなことが起こっていると感じざるを得ない。

この本を書いている最中にも、的外れな教育論議が聞こえてくるし、きっと教育現場の実情を踏まえない、おかしな教育改革が進行しているのだろう。できることなら、そうした動きを何とか食い止めたい。あるいは、少しでも修正する方向に持っていきたい。

もちろん、本書で私が論じたのは、私自身の視点によるものであり、私見に過ぎない。違う視点からすれば、目に映る教育現場の風景も、まったく異なっていることだろう。

しかし、これまで本書で説いたような話をすると、「我が意を得たり」といった勢いで賛同してくれる人が多かった。そこで、多くの人に教育現場で起こっていることを知っていただき、教育改革の方向性について真剣に考えていただくための問題提起をしたいと考えた。これまでいくつかの本を担当していただいた平凡社新書編集部の和田康成さんとさまざまな社会現象について話していた際に、教育問題を論じてみたいという意向を伝えたところ、「それは重要な問題だし、ぜひやりましょう」ということになり、企画が進んでいった。

そのような思いでまとめた本書が、教育について真剣に考えている方々にとって、多少なりとも参考になれば幸いである。

今回も、和田さんには心から感謝の意を表したい。

榎本博明

【著者】
榎本博明（えのもと ひろあき）
1955年東京生まれ。東京大学教育学部教育心理学科卒業。東芝市場調査課勤務の後、東京都立大学大学院心理学専攻博士課程中退。博士（心理学）。カリフォルニア大学客員研究員、大阪大学大学院助教授などを経て、現在、MP人間科学研究所代表、産業能率大学兼任講師。おもな著書に『〈ほんとうの自分〉のつくり方』（講談社現代新書）、『「やりたい仕事」病』『伸びる子どもは○○がすごい』（ともに日経プレミアシリーズ）、『「おもてなし」という残酷社会』『自己実現という罠』（ともに平凡社新書）などがある。
MP人間科学研究所　mphuman@ae.auone-net.jp

平凡社新書９４３

教育現場は困ってる
薄っぺらな大人をつくる実学志向

発行日――2020年6月15日　初版第1刷
2020年10月19日　初版第3刷

著者――榎本博明

発行者――下中美都

発行所――株式会社平凡社
東京都千代田区神田神保町3-29　〒101-0051
電話　東京（03）3230-6580［編集］
東京（03）3230-6573［営業］
振替　00180-0-29639

印刷・製本―株式会社東京印書館

装幀――菊地信義

ISBN978-4-582-85943-0
NDC分類番号375　新書判（17.2cm）　総ページ224
平凡社ホームページ　https://www.heibonsha.co.jp/

平凡社新書　好評既刊！

841
下山の時代を生きる
鈴木孝夫
平田オリザ
人口減少、経済縮小を余儀なくされる時代、日本と日本人はいかに生きるべきか。

843
フィンテック革命の衝撃
日本の産業、金融、株式市場はどう変わるか
藤田勉
フィンテックが世の中に与える衝撃と、日本株復活への道筋を探る！

848
シニアひとり旅
バックパッカーのすすめ　アジア編
下川裕治
アジア各地をつぶさに旅してきた著者が、シニアに合った旅先を紹介する。

854
老いない人は何を食べているか
松生恒夫
健康長寿の生活を送るために、食材の効能や食べ方、日々の過ごし方を紹介する。

860
遺伝か、能力か、環境か、努力か、運なのか
人生は何で決まるのか
橘木俊詔
能力格差、容姿による格差など、生まれながらの不利をいかに乗り越えるか。

863
21世紀の長期停滞論
日本の「実感なき景気回復」を探る
福田慎一
上がらない物価、伸び悩む賃金、広がる格差……。人々の不安をいかに解消するか。

874
「ネコ型」人間の時代
直感こそAIに勝る
太田肇
飼い主に従順な「イヌ型」から、自由に自発的に行動できる「ネコ型」人間へ。

877
自己実現という罠
悪用される「内発的動機づけ」
榎本博明
過重労働へと駆り立てる〝心理〟に騙されるな！「やりがい搾取」の構図を解き明かす。